湘县第一中学学校本教材·

学校是最美的

齐学军 主编

湖南师范大学出版社
·长沙·

庆祝中国共产党成立 100 周年

亲爱的同学们：

　　秋安！感恩冥冥之中的缘分，让我们在这个爽朗的秋天，相遇在美丽的湘潭县第一中学。大家出生在日新月异的新世纪，逐梦在砥砺奋进的新时代。而今，凭借着优异的成绩来到学习生涯的新起点。你们是享有物质幸福的一代人，但同时这个物欲横流的社会，也给你们布下重重迷障，容易使人迷失自我。常常忘记思考一些宏大而本质的问题，比如人生的要旨，比如社会的意义，比如民族的价值，比如我今天想和大家一起讨论的——"美"。

　　我们是一个崇尚"美"的民族，三千多年前，《诗经》以其温柔敦厚的力量，为我们讲述着美的草木虫鱼，讲述着美的女子，讲述着美的君子。伟大诗人屈原，更是以其浪漫的笔法，在诗中歌颂与思念着"香草""美人"。作为后人的我们，应该理解，古人所追求的"美"，很大程度上其实并不是一种外表崇拜，而是一种发自灵魂深处的，对美好德行的向往。"诗三百，一言以蔽之，曰思无邪"，孔子用一句话总结《诗经》，就是思想纯正。而屈原更是因其"长太息以掩涕兮，哀民生之多艰"的大义，被后世颂赞为伟大的爱国主义诗人。由此可知，古人崇尚的"美"，其实更多的是那些纯正的思想，是一种心忧天下的家国情怀。

　　而这样一份古人对美德的崇尚之情，在当今社会还能找得到吗？我想，是找得到的，我们也生活在一个追求最美的时代。如每年涌现出的一批批最美教师、最美医护人员、最美环卫工人、最美出租车司机等，但我们也不能忽视，与这些"最美"同行的，还有一些自私、一些冷漠，乃至一些极度的恶。

但幸运的是，你们选择了湘潭县第一中学，选择了这座最美的校园。

这里的美，不是火热的网红打卡；这里的美，不是新潮的韩流日风；这里的美，不是璀璨霓虹。这里的美，是数千载雨阔烟深、文脉悠悠；这里的美，是几十载改革创新、弦歌奋进；这里的美，是春和景明、夏静风柔、秋暖天阔、冬爽雪轻，四季皆美景；这里的美，是楼高如翼、亭精如荷、馆巧如书、廊长如蔓，处处尽心工；这里的美，是为师者各尽己长、传道授业，是为学者敏而好学，孜孜不倦；这里的美，更是一代又一代一中人带着他们深厚的才学、高尚的品德、崇高的志向，从这里走向中国，走向世界，使一中誉满三湘。而我们憧憬的、我们期盼的、我们正在做的，就是希望用一所从物质到精神都美丽的学校，来为每一位进入一中的学子，提供最美的学习环境，培铸最美的理想信念，陶冶最美的道德情操——这是我们的初心。

亲爱的同学们，请想想，你们的初心又是什么呢？我想在一中的三年，你们需要好好思考这个问题。作为一个成长在红旗下，生活在新时代的青年学生，更当追昔抚今，以学校为助力，在上下求索的路上做到知行合一，走好我们这一代人的长征路。为此，我们特地编写了这册校本教材《学校是最美的》，想通过这本书，带大家了解我们即将生活三年的学校，了解这里的文化美、人物美、硬件美、荣誉美等。希望大家能够通过阅读教材，更快地熟悉校园环境，更快地适应高中生活，同时也为自己的高中生活找到价值与目标，为人生找准定位与方向。

最后，我们还想跟大家说，学校是最美的。这是一份传承的美，你们的到来，给这里的一草一木、一砖一瓦以生命与灵魂；你们的到来，使这座美丽校园继续焕发着青春的光彩。费孝通先生说："各美其美，美人之美，美美与共，天下大同。"我相信，在最美的时代，最美年华的你们，遇见了这座最美的校园，一定会创造出最美的未来！

编　者

2021 年 6 月

目 录

CONTENTS ||

第一篇
文化校园

习近平总书记强调："国家之魂，文以化之，文以铸之。"文化传承民族精神，塑造国家之魂，是刻在人们骨子里的基因密码，是联结着过去与未来的时光钥匙。而学校文化，更是扩充着学校的教育内涵，体现着学校的生命立场与集体智慧。

故一校自有一校之文化，湘潭县第一中学也致力于挖掘自身的特色文化，建设文化校园。从三千年前的悠悠楚骚声，传承至近代史上湘潭儿女的赤子之心；从七十多年前八斗丘的筚路蓝缕，发展至如今金霞山下的弦歌之盛。这一切，无不体现我校文脉之悠长，文化之深厚。

地域文化

（部分图文转自湘潭市博物馆）

　　地域文化特指中华大地不同区域物质财富和精神财富的总和。从时间上来看，是指从古至今一切文化遗产。湖湘文化便是中国地域文化中不可或缺的一部分，而湘潭文化更是湖湘文化的卓越代表，这里地域历史悠久，肇启始祖神农氏；这里地域文脉悠长，缘起多艰楚骚魂；这里地域人才辈出，一部近代史，半部湖南书……湘潭县第一中学，自是湘潭人的学校，是湖南人的学校，故我们学校也坚持以地域文化涵养学校品格，用地域文化助推学校高质量发展。

　　湖南是一处美丽而神秘的土地，也是一块人杰地灵的热土，是华夏文明的重要发祥地之一。相传炎帝神农氏、舜帝都曾踏足潇湘大地，由此可见，湖南是人文荟萃、英才辈出之地。自古至今，诗人屈原、政论家贾谊、造纸术发明者蔡伦、著名理学家朱熹和张栻、有"东方黑格尔"之称的思想家王夫之等，均与湖南有着渊源。而到了近代，湖南更是出现了众多党和国家的领导人，不愧有"惟楚有材，于斯为盛"之说。

　　潇湘大地上有一条母亲河叫湘江，它是湖南最长的河流，也是洞庭湖水系主要河流之一。而在湘江的怀抱里有一个"湘中灵秀千秋水，天下英雄一郡多"的城市，这儿的人文景观更是独特，被誉为"小南京"，如果要论湖南的名人对中华民族人文历史的影响，湘潭是湖南第一，估计在全国也排得上名次。

　　湘潭是一个古城，它是湖湘文化的重要发祥地、中国红色文化的摇篮，湘江或许对它情有独钟，在此故意拐了一个弯，让湘潭躺在了它的怀抱。或许就因为此，湘潭1500多年的历史长河中，在神秀山水之地，孕育了一代代的历史文化名人。

远古与传说

　　几十万年以前，湘潭境内气候温暖，林木葱郁，土地肥沃，水源方便，食物充足，为古人类繁衍生息提供了一个良好的自然环境。大约30万年以前，就有原始人类在此活动，制作打制石器，以采集和狩猎为生。距今 7000 年前在这里有人类制作磨制石器，开始过上原始的定居农业生活。而原始社会末期黄河流域部落酋邦领袖舜帝晚年南巡，安抚三苗，施行德政，在韶山奏响韶乐，留下了美丽传说。湘潭是这次南巡中的一个点，这也是湘潭第一次出现在中国的历史事件中。

洛口立县

秦至南朝，湘潭地区归属历经变化。秦设长沙郡，开始了湘潭郡县治理的新模式。西汉分封长沙国，其中湘南县治所就在今湘潭县。秦汉时期，湘潭地区一直扮演着征伐南越、屏卫长沙的要地角色。三国孙吴时湘潭被划入衡阳郡，治所设在湘南县治所在地，为湘潭境内第一个郡级行政机构，湘南首次出现郡县同城局面。南朝梁武帝天监元年（公元 502 年）封萧退为湘潭侯，置湘潭县，湘潭之名由此奠定。

汉魏时期中原战乱以及晋室南渡所带来的北人大量南迁，带动了南方地区农业和经济发展。隋唐时期，因为藩镇割据，江淮水路断绝，南北商路主干线开始往西移，中原与南方的交通线西移绕行经湘潭，这给湘潭经济发展插上了腾飞的翅膀。唐天宝八年（公元 749 年），湘潭在洛口立县（今易俗河，涓水右岸与湘江左岸交汇处），为满足唐中央的粮食需求，形成了一条南起洛口、北达长安的漕运线，保证了唐帝国的粮食安全。湘潭从此成为湘米北漕的关键地区，开启了历史发展的新篇章。以此为契机，带动了茶叶等手工业的发展，湘潭地区逐渐成为江南地区的一颗商贸明珠。流寓湘潭的众多诗人，用美妙的诗歌记录了当时商贸业的兴旺。

县治迁徙

宋元时期，中原和北方人口大量南迁，带来先进的观念和文化，经邦济世的学风推动了湘潭社会经济快速发展。至北宋中期，湘潭县治已由洛口迁入今市区城正街，由于交通日辟，商贸日繁，商税日增，商人队伍日益壮大，富室大族接踵继起，湘潭城区作为商业城市开始兴起，百姓生活趋于都市化。

小南京

元末明初的战乱使湘潭经济遭到巨大破坏，明洪武早期，政府制定了"移江西，填湖广"的人口、经济策略，致使"湖广熟，天下足"，湘潭经济得到飞速发展，富甲三湘。湘潭城区又依仗其港口之利，驿道之便，傍水列肆，绵延十余里，跃然成为江南经济巨镇、湖南商贸中心、闻名全国的财赋之乡和销金之窟，享有"小南京"之美称。

金湘潭

明末清初的连年战争，给湘潭经济以毁灭性破坏。直至清代中后期，湘潭方又"富甲全省"，商业繁荣，赋税居全省之冠。江中帆樯林立，城区沿江码头近 40 处，店铺 4500 余家，街市鳞次栉比，日可获利五六百万。汇兑业、钱庄业、典当业发达，银票流通频率甚高，仅钱庄年汇兑以白银千万两计，故有"金湘潭"之称，世称"天下第一壮县"。

康熙至嘉庆道光年间，湘潭经济如日中天，达到了辉煌的极致。实体经济和金融业发展都呈现了极度的繁荣，金湘潭煊赫一时，成为九衢三市之地。金湘潭经济繁华盛况，表现在四大方面：第一，湘潭是全国规模最大的县城，以 30 万城市人口居湖南之最，全国第 21 位。第二，湘潭是南中国的中心市场，海上丝绸之路与陆上茶马古道唯一的接点城市。其中米市、盐业、药材市场是金湘潭的三大支柱产业，湘潭成为闻名全国的米市和药都。康熙初年，迁入湘潭的江西药材商人贩运和转售国内外药材，湘潭药业迅速成长，时人有"药不到湘潭不齐、药不到湘潭不灵"的说法。第三，湘潭是中国的白银王国，票号通天下，不仅是湖南的经济中心，也是金融中心。清代晚期，山西票商在湘潭设"日升昌"分号，和济钱庄是光绪年间秋瑾的母亲、兄长与其丈夫王廷钧合股开设的。第四，在财政税收方面，湘潭承担湖南全省 1/8 的财政任务，大约占到全国财政收入的 2.2%。

湘学崛起

宋至清代，湘潭不仅是四方货物云集之埠，也是文化思潮竞相激荡之地。南宋末年，为避战乱，江浙闽学者纷纷内迁湖南等内陆省份。胡安国、胡宏父子从荆州迁居湘潭碧泉，建碧泉书院，开坛讲学，招授门徒，创建了以"经世致用""经邦济世"为核心的思想的"湖湘学派"之风。

湘学由此起步，直至清代，为湘潭文化教育、人才培养做出了卓越贡献。湖湘学派从湘潭碧泉书院发源，到长沙岳麓书院趋于成熟。晚清之后，湖湘学派涌现出了众多人才群体。其中，最著名的有鸦片战争前后出现的以陶澍、魏源为主体的政治改良派人才群体；咸丰、同治年间出现的以曾国藩、左宗棠为主体的"中兴将相"人才群体；戊戌变法期间出现的以谭嗣同、唐才常为代表的维新变法派人才群体；变法失败后以蔡锷、陈天华为代表的资产阶级民主革命派人才群体；新民主主义革命后出现的以毛泽东、蔡和森为主体的无产阶级革命群体。

湖湘学派重修身之道，传经济之学，育济世人才，对湘潭文化教育的发展功勋卓著，促使湘潭人才辈出，享誉全国。

《碧泉书院》

（根据《湘潭县志》整理，文字稍有改动）

碧泉书院是湘潭六所古老学府之最，也是湖南古老学府之一。同时，在中国书院史上占有着重要的地位。

有对联云：吾道南来，原是濂溪一脉；大江东去，无非湘水余波。这副对联是湖湘学人王闿运讲学江浙，江浙官员有意试探王的学识时，王不经意间念出的对子。对子一出，四座皆惊。此联既有对湖湘学说的无尽推崇，又似乎有对江浙学说的些许轻视。

湖湘学如此神奇，人们不禁要问，其源头在何处？形成在何时？奠基是何人？

一

光绪刊《湘潭县志》记载："涓水过锦石，又得如归港，亦以文定名之，倘其一证。如归港出大水冲，东流合暂塘坳水，坳东碧泉，出自唐代。涌沙成珠，状若倒雨，投物皆作翠玉色，《舆地纪胜》所谓'澄碧如染'者也。泉底有小金莲花，上有奇树，四时恒荫。后建书院，书院因胡而建。胡祠专祀，本在隐山①，泉去山远矣，今胡族犹盛。书院惟存基址，若重兴斋舍，斯为美矣。"

从湘潭县县城易俗河出发，沿老107国道折河口，再沿县道潭花线，共行40余公里，有一巍然之山，名曰隐山，其阴有一清幽静谧之处："苍然古木之下，翠绿沉净，藻荇交映。""洞庭之南，潇湘之西，望于衡山，百里而近。"青山绿水间透露着浓郁深邃的文化气息，这就是千年湖湘学派的发祥地——碧泉。

千年已过，在此延脉开宗的一代理学宗师胡安国（文定公）、胡宏（五峰公）父子，只剩下时有后学朝拜的苍凉孤冢，曾经弦歌鼎盛，引得"远邦朋至，近地风从"的碧泉书院遗址上，现有四栋半旧不新的民居，当年的青瓦白墙、雕梁画栋早已渺无踪迹，唯剩一块被岁月侵蚀得字迹模糊的石碑，孑然从土壤中露出头顶。先贤已远，风范犹

↑ 胡安国正在讲学

---

① 隐山，又名龙穴山、龙王山，海拔437米，位于湘潭县黄荆坪，距湘潭市城区40公里。隐山风景曾盛极五朝、南宋至民初，是州官府吏、文人雅士、迁客骚人游览的场地。在《长沙府志》《太平寰宇记》《湖南旅游大全》都有"天下隐山"的记载和介绍。

存。胡氏父子所开创的博大精深的湖湘学宛如这块石碑深深根植于三湘这片沃土，孕育着一代又一代湖湘英雄儿女。

绍兴元年（1131），为避建炎之乱，半生为官的胡安国离别湖北荆门，应潭州籍弟子黎明与杨训之邀，与季子胡宏携家室来到湘潭碧泉。胡安国曾任湖南提学多年，对湖湘地区的学风、民风早已十分熟悉，刚来到碧泉，他还是被当地的自然风光所吸引，当即决定将此处作为自己隐世而居、读书立著之所。他曾赋《移居碧泉》《紫云峰下闲居抒怀》诗抒发心意。诗云："买山固是为深幽，况有名泉列可求。短梦正须依白石，澹情好与结清流。庭栽疏竹容驯鹤，月满前川待补楼。十里乡邻渐相识，醉歌田舍即丹邱。""群峰排闼拥柴扉，结得危楼倚翠微。就枕涧边听瀑布，长吟松下指罗衣。夷犹异地聊为老，流落名山可当归。经学幸能通圣睿，莫辞雠①校作深帷。"胡安国的到来受到潭州士子的热烈欢迎。绍兴年间，正是南宋王朝内忧外患严重之时，北方战火连天，民不聊生，朝堂派系林立，奸佞横行，而当时的湖南尚属未开化之地，地属南蛮，文化不兴，经济不振，只因远离战火而被人们视为世外桃源。

胡安国在碧泉潭结庐而居后，湖湘士子纷纷造访。胡安国感于时事，大力宣扬其尊王攘夷、内圣外王、体用并重、知行合一的经世济民之学，并将其观点和主张寓于晚年潜心著述的《春秋传》中。胡安国倡导经世致用新学风，就是针对当时那些"徒掇拾章句，驰骛为文采，藉之取富贵，缘饰以儒雅，汲汲计升沉"的八股学风而为的。他旗帜鲜明地指出经邦济世之学，才是真正的"有用"之学。湖湘学子得其训后，顿觉"先生斯言洞穿七孔，令人目中浮翳为之一开"。

胡安国学说以北宋道学、理学为基础，主张以身心修养为根本，强调经世致用，安邦治国，体现了传统儒家"内圣外王"相统一的社会理想。这些精神与湖南人的"敢为天下先""冒不韪而不惜"和"打落牙和血吞"的韧力相结合，形成了对中国近代影响巨大的湖湘学。南宋理学家真德秀就曾指出："窃惟方今学术源流之胜，未有出湖湘之右者。"明末清初大思想家黄宗羲也认为："湖南一派，当时为最盛。"其编著的《宋元学案》就专为湖湘学派列出六个学案，为该派学者个人列传的竟有百人之多。胡安国对湖湘学派的壮大，起到了他人难以企及的巨大作用。

绍兴八年（1138），胡安国卒，遗理学巨著《春秋传》于后世，高宗阅后，谓胡安国深得圣人之旨，将书置之座右，二十四日读一遍。并下诏谥文定公，葬于隐山。胡安国道归后，其子胡宏承父业，将原书堂修缮扩大，改名为碧泉书院，这是湖南最古老的书院之一。书院的建筑格局，以头门、明伦堂、讲堂、文昌楼为中轴，两厢角门、

---

① 雠：音 chóu，校对文字。

↑ 碧泉书院复原效果图

考棚等所相对称的形式组成。书院内外遍植竹石花木，四季恒荫，鸟语花香，景色宜人。碧泉书院建成后，胡宏亲作《碧泉书院上梁文》以纪其事。文曰："上圣生知，犹资学成其道。至诚不二，宜求仁以觉诸儒。振古于斯，于今是式，弘业大开，属在吾人。永惟三代之尊，学制遍乎家巷。爰从两汉而下，友道散若烟云。尼父之志不明，孟氏之传几绝。颜回克己，世鲜求方。孔伋论中，人希探本。弃漆雕之自信，昧端木之真闻。干禄仕以盈庭，鬻词章而塞路。斯文扫地，邪说滔天。愚弄士夫如偶人，驱役世俗如家隶。政时儒之甚辱，实先圣之忧今。……伏愿上梁以后，远邦朋至，近地风从，袭稷下以纷芳，继杏坛而跄济；云台断栋，来求概日之梗楠；天路渐遐，看引风之骐骥；驱除异习，纲纪圣传，斯不尽于儒流，因永垂于士式。"胡宏将办学目的和对学院的希望阐述得十分清楚。在碧泉书院内有一书斋，多年后，一位年轻人在此书斋伏案读书，感此地之风物，命其名曰南轩，并以此为号，他就是后来大张湖湘学的一代理学领袖，张栻张南轩。

碧泉书院虽地处偏远，但因一代鸿儒隐居其中布道传学，使得各地求学士子不绝于途。胡安国、胡宏父子在此辛勤耕耘了31载。绍兴三十一年（1161），胡宏去世。随后，碧泉书院学子群体北迁长沙岳麓书院与县城县学，碧泉书院作为湖湘学的起源之地圆满完成其历史使命。学子北迁后，书院渐趋冷落。乾道七年（1171），张栻重游书院时曾用"书堂何寂寂，草树亦芊芊"的诗句来形容书院荒凉、破败之景象。南宋末年，书院在战乱中被焚。元代，里人衡氏修复，元末又毁于兵火。明万历年间，县人周之屏又予以重修。清顺治年间，不幸毁于兵火。不久，湘潭人唐世征避乱定居碧泉，感书院之荒废，与女婿胡禹（胡宏后裔）商议修之，至康熙初年始毕，作《碧泉书院记》以纪念。乾隆年间又大规模重修，并将盘屈石山纳入书院。光绪四年（1879）

又再度重修，牌楼上书联两副："将以斯道觉斯民，乐得英才而教之。""皆有所矜式，受命于先师。"后来胡氏后裔改院为祠，取名胡文定祠，专供祭祀。如今，物非，人亦非。曾经辉煌的碧泉书院，停留在了浩如烟海的史书典籍里，停留在了湘潭人民的口口相传里，停留在了湖湘儿女体察世界的精神里，停留在了湖湘儿女扭转乾坤的生动实践里。从绍兴元年胡安国移居碧泉，结庐传道至今不过千年，书院数建数毁，最终片瓦无存，回顾这段兴废历史，不禁使人唏嘘感叹。桃李不言，下自成蹊。从书院走出的湖湘士子在这里学到了胡氏父子湖湘学的精髓，成为湖湘文化的继承者和发扬者。一代又一代学人，传传不息，才有了三湘四水后来名人辈出的辉煌景象，才有了影响中国近现代史无比灿烂的湖湘文化，才有了无数湖湘儿女引以为傲的精神和气节。

碧泉书院地处偏僻，能为人们所纪念膜拜的实物现今均已荡然无存，如果不是典籍华章的推崇与景仰，如果不是湖湘儿女的发扬与坚守，胡氏父子为湖南留下的巨大精神财富也必将随同书院而不复存在。我们在自豪地吟唱"天下不可一日无湖南""若道中华国果亡，除非湖南人尽死""无湘不成军""一省系十七省之安危"等豪言壮语时，更应该追根溯源，是胡氏父子在碧泉书院给予了湖南人思想、血性和本领。当年胡氏父子在碧泉书院招生授徒，传播经世之学，就是与现实中抗击侵略、救亡图存的斗争紧密相联的。如胡安国讲授《春秋》，津津乐道于《春秋》的"尊王攘夷"之义和华夷之辩，正是为抗金救国的现实斗争服务。胡宏虽然身处偏僻山林，却始终牵挂着破碎的山河、艰难的时局。他将教学、研究的内容，与自己变革现实的井田、郡县、学校等制度设想联系在一起，从而使学生受到实在教益。后来，每当国家危难之时，总有湖湘学子挺身而出，挽狂澜于既倒，拯万民于水火。无数湖湘儿女因之而留名青史，为后世称颂。

三

湖南的山水，钟灵毓秀；湖南的人文，代有英才。岳麓书院正门有对联："惟楚有材，于斯为盛。"此话一直为湖南人所津津乐道。然严格说来并不确切。宋之前，湖南人文并不发达，久被中原视为蛮荒之地，地广人稀，民食鱼稻，耕种采取的也大多是水耕火耨的原始方法。经济上的落后，必然带来文化上的落后。清末学者皮锡瑞曾说："湖南人物，罕见史传，三国时如蒋琬者，只一二人。唐开科三百年，长沙人刘蜕始举进士，时谓之破天荒。至元欧阳原劲，明刘三年、刘大夏、李东阳、杨嗣宗诸人，骎骎始盛。"宋代，尤其是靖康之变后，北方沦陷，湖南作为抗击侵略的大后方，中原人物纷纷南下，偏安朝廷用心经营，湖南经济文化方有了明显进步，而碧泉书院的存在又极大地推进了湖湘文化的兴盛。

胡安国曾谆谆告诫子侄："有志于学者，当以圣人为则；有志于为政者，当以宰相自期，降此，不足道也。"胡门英才甚多，当首推张栻。张栻乃南宋著名理学大师，与朱熹、吕祖谦合称"东南三贤"，并与其师祖胡安国并祭于文庙之中，受后世学子顶礼膜拜。作为胡宏的弟子，张栻继承胡氏之学，并将湖湘学进一步发扬光大。张栻在长沙城南书院和岳麓书院期间，从学者广及江西、浙江、江苏、四川等地，其声名之隆，影响之大，当时天下无人可及。湖湘学也因之广播神州。可以说，胡氏父子开宗立派奠定湖湘学派之基，张栻则使湖湘学派达到极盛。当然，胡门其他弟子在发扬湖湘学方面也做出了很大贡献，如迎胡安国定居碧泉的黎明，全祖望在《宋元学案》中曾言："湖湘学派之盛，先生（黎明）最有功。"胡宏也曾撰文颂誉黎明为"圣门子贡最贤达"。其他弟子如彪虎臣、彪居正父子等也皆为后世所称颂。

湖湘学自南宋一路走来，厚积薄发，至明末清初，终于孕育出了一位达到湖湘学标准的超凡入圣人物，他就是"乞七尺活埋，开六经生面"的大思想家、大哲学家王船山。王船山青年曾求学岳麓书院，其时，书院山长是以湖湘学为宗的吴道行，吴道行是张栻高足吴猎后裔。在此，王船山受到了十分纯正的湖湘学教育。船山学"浩瀚宏深，取精百家"，湖湘学是其重要的思想来源。梁启超在《儒家哲学》中说："湖湘学派，在北宋时为周濂溪，在南宋时为张南轩，至船山而复盛。"谭嗣同更称其学术和思想"空绝千古""五百年来学者，真通天下之故者，船山一人而已"。

至晚清，曾国藩则将为相和成圣目标合二为一。为学，他是理学大师、一代儒宗，声远名隆；为政，他是洋务领袖、中兴名臣，位高权重，集天下道德文章事功于一身，是封建社会最后一位"立德、立功、立言""三不朽"人物。

至清末，湖湘学代表人物是谭嗣同。谭嗣同有感于国家陆沉，民族衰亡，著《仁学》以醒世人，倡冲破一切网罗。后来，谭嗣同将其思想传于弟子乡东山学堂、长沙第一师范，深受湖湘学"性本体论"影响。民国六年（1917），其致恩师邵西先生信云："愚于近人，独服曾文正。""动其心者，当具有大本之源。""今吾以大本源为号召，天下之心其有不动者乎。天下之心皆动，天下之事有不能为者乎。天下之事可为，国家有不富强幸福者乎。"走上救国救民道路后，毛泽东将湖湘学大本源理学思想、马克思列宁主义普遍真理和中国革命的具体实际相结合，在艰苦卓绝革命斗争和百废待兴社会主义建设中，创造性地形成了毛泽东思想。不仅推翻了旧世界，令神州山河易帜；而且打败了美帝霸权，使世界版图重绘。可以说，毛泽东的思想已远超过了湖湘学为圣为相的境界了，不仅主宰了中国的"沉浮"，而且影响了世界的"沉浮"。

碧水幽幽，生生不息，阡陌之间，芳草萋萋，圣人之道，千年不绝，千古弥新。千年已过，作为湖湘文化发祥地的湘潭县，古道犹存，古风犹在。湘潭县第一中学紧抓县委、县政府推进传统文化"六进"①的机遇，以传承和发扬湖湘文化为己任，将按照1:1的比例在校园内建设一座碧泉书院，重建后的碧泉书院，将利用其古色古香

① "六进"为进校园、进机关、进社区、进乡村、进生产生活、进军营。

的院落、书香氤氲的气氛，打造成长株潭地区高中最有影响力的高端场域，进一步弘扬湖湘学，为中华民族伟大复兴的中国梦的实现做出更卓越的新贡献。

《昭潭书院》

昭潭书院始建于康熙五十九年（1720），经过乾隆八年（1743）和三十六年（1771）、同治四年(1865)三次改扩建，成为同治年间以后湘潭地区最好的一所书院，现在仍尚存部分建筑及碑刻。

昭潭，相传周昭王南征不复，没于此潭，故名昭潭。据清乾隆时提督学政阮学浩《昭潭书院记》载："潭州据衡湘之交，山水灵秀，最为楚南佳处。生其间者清慧有文，盖承中土清淑之气，又沐国家立学教士风化之所渐摩，士之弦歌于斯而不辍者，既百余年矣。壬戌岁，予奉命视学湖南。时关中李君尹潭邑，率邑人士于学宫旁（现文庙东）。择隙地建置书院。案图以观，则自讲义之堂，以及柄士之舍，与夫藏书之室，积器之区，靡不具备，连甍飞阁，既巨且丽。"乾隆十年（1745），书院建成，取其昭彰湘潭之意为昭潭书院，是当时湘潭市内最大的书院。

湘潭昭潭书院，与文庙仅一墙之隔。在湘潭所有的书院中，昭潭书院无疑是地位最高的。它由地方政府官员主持修

↑ 这个昭潭书院模型是根据嘉庆年间《湘潭县志》制作复原

建，与文庙一起构成了完整的儒家教学体系。书院南临街有一座屏墙，青瓦砖墙，两端各有一门为东角门和西角门，入角门后有一小坪，现在是文西街小学宿舍地。坪北为大门，青砖瓦墙，门上有"昭潭书院"匾额，南北两面有走廊，现已拆除，改建为湖南科技大学雨湖校区发电房。入门后有通道直通二门，方进入书院内院。两门之间为一小院落，门厅为重檐结构，学生在这里整肃衣冠。再进为明伦堂，是书院祭祀孔

子的地方，亦为讲堂。堂为青瓦重檐，东西为马头墙，堂中 4 柱，前后有廊，各 2 柱，两边为侧门，带有厢房，东门称"腾蛟"，西门称"起凤"，比喻学子才华焕发。讲堂两侧各有厢房为教谕的起居、工作用房。再往北有井屋、丽泽堂，丽泽堂上层为奎星阁，祀奉文昌帝君（奎星）的场所，还可存放书籍。

昭潭书院既有完整的教育体系，也有极严格的治学纪律。乾隆十一年（1746）、二十一年（1756），衡山聂焘两次主讲凡数年，订《学约》规范诸生。教学"以立志远大，变化气质为先务"，又以"敦朴实、慎交游、养性灵"为"读书明道之基"。日授《小学》《四书集注》《五经》《性理》《近思录》等，以次讲解，岁必一周；夜授古文、时艺，常至夜分。"月定五课"，以经书文、经解、诗试士。乾隆三十六年（1771），邑人潘世晓等制定择院长、选生徒、变气质、敦友谊、尚实学、定课程、谨防闲、爱学舍等"学约" 8 条，教诸生以经史为"学问之根"，"究心"十三经、二十二史及诸子百家，不得"徒工八股，博取荣名利禄"。同治三年（1864），教谕邹湘倜倡置官书 30 余种。光绪十三年（1887），邑人彭会昌、陶成易等增购新书藏于奎星阁。山长如宁乡王坦修、善化俞东枝、衡山林学易、湘潭龙瑛、王闿运（以船山书院山长兼）等，皆湖南名进士。

光绪二十八年（1902），改为县立昭潭高等小学堂。三十三年（1907），设县教育会于此。宣统元年（1909），县临时中学迁入，1944 年院舍东部为日军飞机炸毁，1947 年秋修复，改作县立中学女生部。1953 年改办湘潭师范学校，1987 年改为湘潭师专。其址今为湖南科技大学雨湖校区所在地。昭潭书院内仅存百年枫杨 2 株、百年紫薇 1 株。

乡土情怀

绿水迢迢，青山隐隐。湘潭既有水接潇湘的阡陌纵横，又有仙山隐逸的安宁平静；既有热闹欢腾的花鼓戏、纸影戏、舞虾、火龙灯，又有细腻浪漫的油布伞、木雕手工艺；既有远销南北的湘莲、槟榔，又有不被外人所熟知的青山唢呐、韶山山歌、湘乡方言。宜动宜静、善文能武的湘潭人，既有坚毅果敢、敢为人先的性格，又有内圣外王、修身齐家治国平天下的修为。他们在这片土地上遗留和传承的民俗风物，使得亘古不息的湘江碧波、巍巍青山也更熠熠生辉。

风物民俗是历史文化积淀在现实生活中的再现，也是地方文化个性的集中表达。"古者百里而异习，千里而殊俗。"让我们跟随自己的眼、耳、口、手来体会湘潭璀璨、醇厚的民俗民风，共同领略风情潭城。

❶ 红尘鼓舞

明清之际，船运码头的重要地位使湘潭成为百货总集之地，商旅辐辏，经济腾飞。逢年过节，便热闹非凡。各商会组织争相邀请花鼓戏班、纸影戏班表演；各方船民也都上岸表演舞虾以庆祝节日；农耕时代，百姓祈求来年风调雨顺、五谷丰登，纷纷舞起火龙灯……水接潇湘的优越位置、贸迁南北的经济优势，孕育了湘潭人海纳百川的心

↑ 火龙灯

胸：长沙花鼓戏融入湘潭风格；四方船民带来的舞虾绝技却由湘潭人传承；武学之风从外省带入湘潭形成巫家拳又传往四方。湘潭在经济繁荣的同时也迎来了乡俗文化的兴盛，外来文化与本土文化碰撞融合，使其逐渐形成了一些有鲜明地域特色的民俗乡韵。

❷ 山水流音

湘潭位于衡山山脉的小丘陵地带，地貌以平原、岗地、丘陵为主。有别于沿江的市井繁华，面朝黄土背朝天的农耕生活形成了朴实的审美情趣、风俗习惯、传统文化观念。受其影响，在这片土地上生长、发展、成熟的青山唢呐、韶山山歌、湘乡方言，是最原汁原味的乡音，其发展过程中很少受外界影响，依然保持着未经雕琢的原始风。这些乡音体现了以民间生活为基调、以生命本体为主体、以人与自然和谐相处为主题的特征。

青山唢呐是湖南吹打乐中一种独特的演奏形式，是国家第一批非物质文化遗产项目，它十分讲究指法、韵律，吹奏出来的旋律细腻而圆滑，音色清亮又明快。青山唢呐独特的演奏方式在南派唢呐演奏中占领军地位，它与北派唢呐吹奏方法最大的不同是，吹奏时采用了换气法，所以有人形容其一口气能吹30里路。在演奏形式上也丰富多彩，有口吹双唢呐、鼻吹双唢呐、口鼻双吹唢呐、和合唢呐等。

↑ "非遗" 传承人 C1910 班朱典

1957 年 3 月，全国第二届民间音乐舞蹈汇演在北京隆重举行，青山唢呐表演家朱梅江和左元和等人表演的《哭懵懂》被选为进中南海怀仁堂作汇报演出的优秀节目之一，两位艺术家还受到了周恩来、朱德、刘少奇等党和国家领导人的亲切接见。

❸ 食步天下

"龙牌酱油灯芯糕，槟榔果子水上飘，十里荷塘百里香，砣砣妹子任你挑。"一首诙谐幽默的打油诗概括出了让人垂涎的湘潭特产。湘潭人能吃、会吃，吃出了莲花"出淤泥而不染"的君子人格，吃出了槟榔树"大者三围，高者九丈"的领袖风范，吃出了灯芯糕"折成圆圈而不断，点燃无灰而不灭"的民族韧性。湘潭人的精神中有吃得苦中苦的强悍果毅，也有争做人上人的百折不挠。

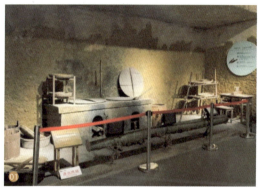

⬆ 01 槟榔的制作场景 / 02 中路铺药糖 / 03 灯芯糕 / 04 花石豆腐

❹ 湘潭武学

战国时期以来，湘潭的尚武之风就开始盛行，到今天，湘潭武学自成一派，颇具风格。巫家拳兼具少林、武当的攻防技击，内外兼修，传习至今。

巫家拳是南拳流派之一，清朝乾隆末年由福建汀州的巫必达所创。他在少林拳法基础上，结合武当内家拳法，创编出了巫家拳。历经时代的传习和演变，巫家拳成了湖南最有影响力的拳种之一，并在南拳中自成体系。

巫家拳常用的器械有七步连针棍、巫家四方凳、巫家蛋刀等。

巫家拳在传承上严守"狂妄、轻浮、忘恩负义之徒不收"的戒律，所以拜师的虽多，成功的却少。在巫家拳练习者中，名气最大的当属辛亥革命领导者黄兴、鉴湖女侠秋瑾，以及杨度的堂弟杨敞。

"平江不肖生"向恺然，祖籍平江，出生并成长于湘潭，是现代著名武术家、武侠小说家，曾经也学习过巫家拳。他把民族忧患的意识写进书中，将"侠义"与"民族尊严"结合起来，创作出了以《近代侠义英雄传》为代表的一系列武侠小说，名震大江南北。大家所熟知的《火烧红莲寺》《大侠霍元甲》《大刀王五》等著名电视剧都是改编自《近代侠义英雄传》。

↑ 巫必达铜像

❺ 艺奇天工

人口的流动带来的是文化的融合。湘潭的手工技艺既具有本地文化的厚重朴实，又兼具江（西）浙（江）文化的灵动曼妙。闻名省内外的石坝鼓、繁复灵动的湘潭木雕、精致耐用的油纸伞……每件艺术作品既精致又古朴，既实用又美观。这些藏于民间的艺术家醉心于创作，安逸的生活方式却蕴含不甘寂寞的生活态度，更体现出一种乐观向上、勇于创新的精神风貌。

↑ 01 湘潭油纸伞
↑ 02 纸影戏人偶

校史文化

　　历史是彷徨者的向导。寻找学校之根，不仅仅是了解校史，更重要的是编制好行动的纲领。学校是要生长的，而这种生长的基因，是学校的历史与文化。然而，文化本身并不能代替生长。我们追求的目标，是学校带着自己的基因茁壮生长。

校史概述

　　金霞南来，派启衡岳；湘江北去，波涌洞庭。八斗丘间明月在，金霞山上紫气来。金霞极顶文笔峰，文星垂象；一中福址虎跳堋①，虎殿开经。五马奔槽，乃金霞山形胜；八姐安营，踞八斗丘灵光。金霞承八斗一脉，情聚母校；涓水并湘江一流，百川归宗。

　　文吉发轫，石浦前身。涓江之滨，书声琅琅，四六立校，八易其名。曰湖南私立石浦中学分校，曰湖南私立江声中学，曰湘潭县立第二初级中学，曰湘潭县立第一初级中学，曰湘潭县立第一完全中学，曰易俗河区第一中学，曰湘潭县"五七"大学，曰湘潭县第一中学。根深叶茂，树高有节，百强中学，五次跨越。乃私立至公立，乃初中至完中，乃一般至省重点，乃老校区至新校区，乃三湘名校至全国知名。

一 八斗故园

1. 八斗丘的位置

　　八斗丘位于易俗河烟塘村与京竹村交界处，北邻湘江，西濒涓水。当年易俗河三大粮商之一——唐子明②建庄院于此。唐家大院正大门北朝"杨柏山"（因杨八姐战

---

① 堋（jiàn），黄土覆盖的谷底平地。
② 唐子明，祖籍湘潭易俗河，清朝秀才、花翎二品顶戴，因累建功勋，平定太平天国后，被保荐为江苏知府，后又升为候补道。后又任过湖南省盐政史督销、江南银元局官员、南京筹防局官员等职。

郴州时在此驻军而得名）和易俗河老街，左侧经草坝里，上涓水河堤，可以去当时水
运码头和商业繁华地易俗河老街。

↑ 手绘八斗丘全景

2. 八斗丘的来历

　　同治年间，祖居湘潭县易俗河的唐子明和大弟弟唐子襄（在家做粮食生意及管理大家庭，易俗河是湘潭当年有名的稻米集散地），在湘潭易俗河湘江和涓水交汇处购买李家祠堂盖成大民居，门前有八亩大丘水田，于是取名"八斗丘"。同时也提醒后人要奋发图强，"才高八斗"。八斗丘有房屋近百间，有很大的围墙，围墙外有一水塘，

↑ 1955 年初 12 班在东绣花楼前毕业合影

围墙内有一个大坪，坪内栽有合抱粗的楠木树和玉兰树（一直存于江声中学一教学楼前，2017 年枯死），围墙前面左右有两个二层观景楼台，叫绣花楼八角亭，都雕有镂空的花。八斗丘，是当年易俗河地区最大的民居。

　　1937 年至 1944 年，八斗丘及杨柏山作为国军战部队的野战医院、兵站医院，有长沙湘雅医院的抗战救护分队在此驻扎，专门救助治从上海、南京、武汉等抗战前线撤回的大量伤员。有些重伤员亡故后，就葬在围墙处。现我校退休教师左新找到的抗战

烈士墓碑中，有陆军九十二师独立营谢光起的，有卫生连二等兵李润祥烈士的。

1944 年 7 月，日军占领易俗河后，将八斗丘大民居（唐家人都逃难走了）及杨伯山改作日军野战伤兵医院。1945 年 8 月 15 日，日军投降后，唐家人回到祖居。1945 年 11 月，王文吉、王元吉（中共地下党员）选址八斗丘，租唐子襄的儿子唐绍南及其侄儿唐果泉的房子（所租房屋只是八斗丘民居的一部分）办学，即湖南私立石浦中学分校（总校在株洲王家坪），1946 年春开学，设有初中三个年级。1947 年土地改革时期，八斗丘民居收归公所有，"湖南私立石浦中学分校"改名"湖南私立江声中学"。

↑ 抗战烈士谢光起的墓碑

3. 八斗丘遭难

要说日本对湘潭的侵略，还要从民国初年开始说起。当时，日本派遣特务到湘潭，以推销日本"仁丹①"，收购头发、猪鬃为名，走遍城乡，绘制了湘潭城乡详图。这幅图于民国八年（1919）由日本军方绘成出版，在国内还存有极少量，它是日军蓄谋侵略中国已久的罪证，而城乡要道旁的"仁丹"广告，以其胡须（俗称仁丹胡）的朝向为指路标。

1944 年 5 月，日军为打通湘桂通道，疯狂进攻湖南中部。6 月 12 日，日军黑濑平一率 133 联队从浏阳出发，绕开株洲镇，直扑易家湾。13 日，日军派出便衣侦察队 11 人窜抵滴水埠，被复兴膏盐矿矿警队发现，被击毙 4 人。这是湘潭城区首次与日军交火，为湘潭城区打响的抗日第一枪。

6 月 13 日，日军以一个师团攻株洲镇，激战三天后，株洲失守。15 日晚，日军一路施烟幕从易家湾渡江，取湘潭后方腹地，攻入九华，走罐子窑向城区推进；另一路走滴水埠渡湘江，扑向文昌阁，取小东门。17 日（闰四月二十七日）日军 4000 余人攻城，时守城军队发现日军抄了后路，便退往湘乡，湘潭城乡遂被日军占领。

日军侵占湘潭县城乡后，扫荡了两天，杀人放火，抢劫奸淫，无恶不作。6 月 19 日便匆匆赶往衡山，欲攻占衡阳。

谁知几个师团、十几万的日军兵力，攻衡却受阻数月，急需大量的弹药、武器、粮食等补给。八月，湘江航道渌口上游有多处险滩，轮船不能通航。大量的武器、弹药等军需物质必须在易俗河港卸下，由陆路运输到衡阳。为此，日军在下摄司老街修

① 仁丹：解暑开窍的一种中成药，用于消化不良，恶心呕吐等。

建了军需物质库、弹药武器库，又在吴家巷修了汽油库。

因每天晚上有几十条船载着军用物资在易俗河码头靠岸卸货，急需征调大量民夫。为此，日军每天在易俗河老街中部的"修德栈"维持会派粮派夫，每晚有一百多"苦力"，卸船、运货，还要修路、架桥。

当时，八斗丘庄院围墙槽门开在北向，面朝"杨柏山"和老街。因单栋独宅，有坚固的围墙，被日军霸占作为指挥部，住进了很多日军，仅通信排就有 30 名通信兵，负责检修长沙至衡阳、桂林的电话线等通讯设施。

因为易俗河成为日军的军需物资转运枢纽，经常有同盟军美国的轰炸机在谍报人员的指引下，频繁轰炸兵站、军需弹药库。据记载，每次轰炸倾泻炸弹数百枚，少则炸死数名、数十名的日军，多的一次突袭炸死日军两百余名。死了的日本官兵就火化在前膏盐矿矿渣堆上。此工作由日本军官指挥被俘的国民党官兵进行。杨柏山紧靠老街和码头，旧有易俗河区公所，有教堂，鬼子在此建立了"伤兵医院"。许多在衡阳会战中转来的伤兵在此治疗。百姓说，那时杨柏山上空经常飘荡着焚烧日军尸体的焦臭气味，而八斗丘庄园里深夜经常传出拷打平民、商人、谍报人员的惨叫声。杨柏山山坡上原来有两眼膏盐矿深井，鬼子将士兵的尸体都扔于井中掩埋。1960 年曾在后围墙开一豁口通道，人们在墙根下发现一层层的人骨，一些骷髅头张大着口，露出闪闪发光的金属牙齿，这才知道被拷打残害致死的那些商人、情报员、谍报员，被一层尸体一层黄土抛弃在深深的围墙根下。

据统计，在湘潭沦陷的短短一年零三个月中，全县被日军杀死 24596 人，伤残 105746 人，烧毁房屋 38472 栋，宰杀耕牛 28821 头，损失粮食 1652147 石。物质损失合计 535629974000 元。

4. 日寇签降（八斗丘受降）

8 月 15 日，日本无条件投降。9 月 20 日，国民党七十三军军长韩浚（因赴上海公干，没出席）、军法处处长郭仲和（易俗河人），在易俗河的日军驻湘潭指挥部"八斗丘"庄园中，接受驻潭日军八二旅团的投降。

日方侵潭代表是饭田仁大佐。他是日军驻易俗河的最高司令官、宪兵队长。百姓都说此人心狠手辣、杀人不眨眼。在湘潭，他由中尉晋升至大尉，领章上嵌有尉官一条杠、上尉三颗樱星，百姓称其为"一杠三"。在签降照片中，右为日军指挥官饭田仁大佐。他恭敬地脱下军帽，递上香烟，签署了投降书。底片中留有"日主官饭田签降"七字。日方交出了湘潭地区的军需库、枪械弹药库、汽油库等军用仓库，内有步枪 4007 支、轻机枪 179 支、重机枪 31 支、手枪 383 支，及大量炮弹、手榴弹和各种子弹，还有迫击炮 18 门、汽车 300 辆、战车 8 辆、步兵炮 5 门、山炮 3 门。而宪兵队 205 人，前往长沙敌二十军部集中投降。

签降后，七十三军的士兵们押着100多名日本鬼子，从八斗丘西侧下到草坝里万寿殿大坪，命令鬼子放下武器，接受投降，然后排队到河边坐船，到湘潭伍家花园集中训诫教育，等候回国。

八斗丘侧下面的草坝里，原来是一条去河边老街的麻石路，有草坝桥、新石桥等四座桥，桥旁有焚字塔，这里地势低洼。百姓说，当时有三个鬼子军官顽固成性，拒不投降，当场拔刀，剖腹自尽，尸体被抬往老街尾子的萧家坟山掩埋。后来乡民说那里夜晚经常还"闹鬼"。据说凡投降的鬼子，帽子上都缝上一小块白布条，写有姓名，以此为保命。这时的鬼子没有了往日的凶煞，一个个都点头哈腰的。

↑ 八斗丘抗战受降照（左为郭仲和，右为饭田仁大佐）

5. 王文吉其人

王文吉，名昌，字显斌，自号建宁逸叟。1909年生。湖南株洲凿石石浦人（时属湘潭）。

王文吉从小颖敏过人，喜好读书，过目不忘。1926年前往长沙复初中学读书，不久即参加湖南省学运，得与毛泽东，夏曦、郭亮等同志往来，受共产主义启蒙教育不少。长沙马日事变时，因闹学联被迫辍学回乡，发奋研学。因愤时政之不可为，立志走教育救国之道。先后在省立十二师、安江、洪江等地教授国文，创办石浦中学。

日寇入侵湘鄂后，王文吉转教湘西，任职各公立、私立中学。光复后，返乡兴教，择址租赁易俗河八斗丘庄院兴办中学，多方筹措募集经费、捐契学田。经省教育厅（厅长王凤喈是易俗河人）审批备案，创办"湖南私立石浦中学分校"（后改校名为"湖南私立江声中学"）。王氏家族中，王文吉任校长兼任教语文，王显逊任教数学，王显彰任后勤总务，王彬任教公民课，王鳌任教体育课，王元吉任校勤工（作掩护），王达政（同济大学毕业）任教物理，王桂芳（金陵大学毕业）任数学、物理等。同时聘有易俗河当地袁姓、李姓等人任教。至解放前夕，该校已成为湘潭颇具影响力的唯一的中学。可以说凿石王氏家族对八斗丘的教育、江声中学的创办有着巨大的贡献。

校长王文吉与胞弟王元吉于解放前组织易俗河迎解放活动，为湘潭的解放作出了

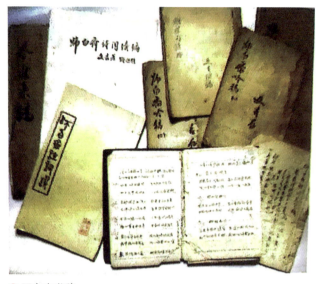
↑ 王文吉书稿

重要贡献，1949年8月至10月间，兄弟俩带领全校师生，积极支援解放大军，为衡宝战役中的大部队收集粮食，利用八斗丘的碾和石槽春米，运送粮草，得到了人民政府的表彰。

由于王文吉先生办学认真、率先垂范，所以教师忠于职守，学生学习努力，教育教学质量逐年提高，赢得社会好评。办校初期，王文吉白手起家，千方百计借债建校、建教室、建教工宿舍、学生宿舍、建食堂、建厕所、建操坪、添置体育设施，真可谓"石浦江声创建难、千斤重担共君担"。至解放前夕，学校已有五个班，学生两百多人，教师十多人，成为初具规模的初级中学。

解放初期，百废待兴，王文吉校长带领全校师生"艰苦办学，生产自救"，得到政府的表彰。1950年土改前期，因"减租退押"运动，债主们堵校讨债、官司纠纷很大。王文吉校长作为校董事长，为化解债务矛盾，被迫离校离职，离校时，孑然一身。

王文吉先生回株洲后继续兴教务学，为创建建宁中学、尉文中学而努力。以先生之才力，本应更有所作为，不料因两句诗词被诬。特别是文革时期，被牵连批斗，屈蹲牛棚，横遭迫害，停薪去职，被发配到岳阳农场劳动改造，曾下放乡村以艰辛的农活劳作为生，曾因生活萧条摆地摊糊口，曾因劳累体衰跌断腿股长期病卧在床。后遇政策平反，但迟迟未见具体落实。直至1985年，由省委组织部部长、原株洲市领导亲自出面，才为先生彻底平反、落实政策、补发工资。在平反的文件通知送到先生手中的第三天，王文吉先生溘然去世。出殡时，数千好友弟子乡亲，送葬凭吊，壮观感人。

王文吉先生一生正直，慷慨助人，扶弱锄强，不卑不亢，桃李满天下。平时他钻研古典文学，喜好诗词，为人所颂。可惜其前期诗稿尽毁于"文革"，不可复得。后期虽生活磨难多病，仍借吟咏自勉，作诗上千首。其诗风几近白居易，通俗易懂，不加雕饰。"诗文为楫德为舟"，读其诗如见其人，读其诗能使人进一步了解深厚悠远的湖湘文化。1982年经好友弟子出面，将其诗稿编印成《师白斋诗词选》一集。1984年又得广州堂弟王显逊鼎力相助，补编续集，待《师白斋诗词续集》刊行成书时，王文吉先生已去世一年多了。

时过境迁，八斗丘的教育发生了翻天覆地的变化。在建校六十周年庆典前夕，学校努力编辑了《王文吉诗词全集》。虽然有些诗词手稿已散失，但已尽得以将王文吉校长的诗词归编全集，借以纪念为八斗丘的教育作出重要贡献的先辈。今天的校园，诚如王文吉校长诗文中所述："石浦江声共琢磨，荫荫桃李育菁莪。成林未负园丁力，绿叶青枝处处多。"

二 金霞新址

1. 金霞山简介

金霞山位于湘潭县易俗河镇东侧之湘江南岸，海拔 151 米。每当旭日东升，或雨后初霁，蒸霞灿烂，岚气金光，故得名。清嘉庆年间，金霞山被列入湘潭四大名山（隐山、昭山、仙女山、金霞山）之一，现在是湘潭生态风景区，交通便捷，环境优美。

金霞山上延岳秀，中扼湘流，下瞰潭城，层峦叠嶂，挺拔威仪。峰巅奇石如笔，直插天空，名文笔峰。有迂曲的山道，通峰接顶。山上曾建有霞栖庵、金星庵、龙兴庵、关公庙等，山周有龚家庙、钟馗庙，山南，有黑石头、石家坡、石嘴垴、长岭、柏树坡、甑皮岭、骆驼卸宝等风景名胜，峰峦叠瀑，长锁春秋，堪称"天然氧吧"。

金霞山下湘江中的古桑洲罗瑶古墓石碑有文字记载："鼓磉洲发脉衡山，蜿蜒二百里至金霞山伏脉入江。逆上行十里，隆起一洲，形如大小三鱼奋鬣而行，故号鼓额。"这里就讲到金霞山是衡山最北的山脉。其海拔高度 151 米，尽管不高，但山脊石径直伸入金沙亭湘江中，还形成"向家渡鱼窝"一景。

康熙二十四年（1685）修《湘潭县志》，对金霞山是这样描述的：

金霞山，县南四十里。尖峦特立，与县治对，朝光雨霁，灿若霞蒸，县治之文峰也。

光绪刊《湘潭县志》亦载：

金霞正对县城，上有奇石，每朝阳映翠，岚气金光，形家以为文笔矣。

历次修湘潭县志时必提金霞山，在湘潭县治域总图中必画金霞山，这是因为金霞山顶那块高耸的奇石，形似文笔，暗喻着县域的科举佐途文运昌盛。可惜山顶的文笔奇石在六十年代被毁。湘潭县第一中学迁至金霞山麓后，特在办公楼与青年广场之间辟一小池，池上架一小桥，巧妙地将小池分为东西两半。池内砌一假山，其形状就像毛笔架，

⬇ 文笔峰池

最高峰形拟金霞山的文笔峰。故小池名曰"文笔峰池",寄寓湘潭县一中引领地方文化教育发展,推动湘潭县教育产业跨越式发展。湘潭县一中也不负厚望,连续二十四年领跑湘潭基础教育,湘潭县也一举成为教育大县、教育强县。

2. 关于金霞山的传说

清嘉庆刊《湘潭县志》载:朝阳映翠,岚气金光,绚呈异彩,故名。这里不仅风景优美,而且传说也很多。

一说,古代有一男一女。男名金哥,善医术;女名霞姑,识草药。两人相依配合,长期在此地治病救人。为纪念他们的功德,乡人便以"金"哥的金字,霞姑的"霞"字,将此地命名为"金霞山"。

二说,古时崇黑虎(一说观世音)到过金霞山,他一坐下,此地便矮了3丈。现山顶下100米处有块面积约两百平方米的坪地,即是崇黑虎坐过的地方。金霞山北临湘江,江内鱼多,渔夫亦多。崇黑虎到此不几天便闻到鱼腥味,感到不适,便离开金霞山,到了衡山。衡山便逐渐长高,祝融峰海拔达1290米,成为中国南岳。而金霞山主峰文笔峰海拔仅151.2米。

三说,金霞山藏有龙,间或几十年龙便动作一次。传20世纪40年代初一个夏季,暴雨连续下了两天。此山南部上马乡石南塘组油子塘村尾,一农户不远的地下冒出一条两三丈长的巨型四脚蛇。蛇跑到池塘里,涌出巨浪,地上留下直径两米余、深不见底的洞穴。人们把它说成是金霞山下的龙。又传1976年夏的一个雨天,金霞山鸦珠塘山腰开出一条几十米长、宽一米的裂缝。有人似乎看见异物活动。人们认为这是金霞山地下的龙又在活动。

四说,金霞山曾落过一对金鸭婆,有人曾在狂风暴雨天,听见山塘中有"嘎嘎"的鸭叫声。

另,《湘潭县志》上记载:唐朝五台山的一个和尚叫"石头上人"的,云游南方到了湘潭县洛口金霞山上,看到山顶有一处山岩形状酷似释迦牟尼坐佛,数丈高,认为这是佛祖的七十二化身之一,是释迦牟尼佛祖在这金霞山上的应身,便为其搭建棚舍、遮阳避雨,虔心供奉,弘法传教。此处便形成了山上最早的寺庙"霞栖庵",这个传说还是比较可信的。

湘江从上游蜿蜒而下,船帆经过古桑洲便远远可见到山顶霞栖庵,经常能听到回荡在湘江上空的晨钟暮鼓,这也是古洛口六景之一的"古刹钟声"。

这些传说增添了金霞山的神奇与玄幻色彩。

3. 名人咏金霞

金霞山周围无高山,湘水绕山划了一个大弯,因而远处见之,特别挺拔峻秀。现在,它正被湘潭县开发为城郊生态园林,越来越多的人开始到这里远足。古代的士子们早就对它情有独钟，写下了许多诗篇。如明朝李腾芳[①]在其《湘潭山水论》中就有"潭之山水，朱陵磅礴之余也。昭山峙其东，乌台蹲其西，金霞耸其南，黄龙障其北。……江身至邑始深，其清流而不驶、白而漾碧。是邑，盖山水之会，而灵气所钟也"的描绘。

霞栖庵片石

明·郭金台

众山蟠孤岑，潆悬复群木。

参天通一门，中隐区灵屋。

人烟隔数峰，片石独渊矗。

苔藓篆古意，幽映憩修竹。

开士契我心，振音扣容谷。

茗香泛远圃，静与山花逐。

门径罗新规，疏观又遥目。

此中还龙像，挂席敷广陆。

谁持烁迦逻，应见邱邱复。

注：郭金台，字幼隗，湘潭人，本姓陈氏，名湜。明崇祯方郎中、监军佥事。康熙十五年（1676），以疾卒于家，年六十有七。霞栖庵在金霞山顶。

泊金霞山下

清·罗汝怀

蒲帆十幅落湘涯，湘水清澄见石沙。

雨后岚光生木末，晚来山色对金霞。

东西船舫聊孤泊，左右图书自一家。

夜半吟声出蓬背，短灯时结四更花。

注：罗汝怀（1804—1880），初名汝槐，字廿孙，一作念生、研生，晚号梅根居士。湖南湘潭县人。少就读于长沙城南书院，好音韵训诂之学。入省城南书院肆业，致力文字训诂之学。又复广泛涉猎，博通经史。道光十七年（1837）选拔贡生，次年赴京，沿途考察山川风土，辑为《北游记里录》四册。

---

① 李腾芳（1565-1631），字子实，号湘州。湘潭塔岭人（塔岭之名也源于高塘李氏，传说是李腾芳的家塔）。明万历二十年（1592）进士，官至礼部尚书，谥"文庄"，事具《明史》，著有《李湘州集》十卷，补遗一卷，四库总目传于世。他曾与太常卿蔡承植同游南岳，登祝融峰，并重修舍利塔于上封寺后。

县城归途见金霞山霞起忻然成咏

清·王启原

顾影靡停晖，临流无憩阴。韶华易逾迈，杖策还故林。
神驰城外观，心倦空中岑。高瞩仰天半，远览及山嵚。
迢迢孤峰表，渺渺湘川浔。金壁四蕃映，霞采有余森。
荒涂十里遥，岩壑丧瞑侵。谁知兀然高，真蕴无古今。
流辉灿散绮，芳期被尘襟。幽探觊山栖，赏延怀谷音。
嵚岏阆峰高，迢递赤城深。远景信难即，沉吟非素心。

注：王启原，字理安，湘潭人，曾任永明教谕，学问精博，治《易》《礼》《春秋》，对于史学尤有专长，著述数十种，可惜绝大部分散佚，只有《圭复斋诗》十六卷及《三国志训纂》残稿传下来。

4. 学校移址及建设

2002 年 12 月至 2003 年 11 月，湘潭县人民政府常务会议及县委常委会议先后作出决定，组建湘潭县一中教育集团，将校本部高中部校区整体搬迁至金霞山下。

↑ 一中与金霞山

2004 年 3 月 18 日，成立搬迁指挥部，同年 10 月，启动第一期工程，包括教学楼、生活服务大楼、学生公寓等主体建设工程项目，2005 年 8 月相继竣工并交付使用。

2005 年 9 月底，全面启动搬迁至新校区，完成了整体搬迁。

2005 年 9 月底全面启动，搬迁建设第二期工程，包括办公楼、实验楼、图书馆、主广场、教师公寓、田径场及其他配套土建工程（工人工作房、池塘护坡）等工程项目，并先后于 2006、2007、2008 年竣工、投入使用。

2011 上半年，第二教学楼（九华楼）的建设如期启动，2012 年 4 月正式投入使用，这栋教学楼的设计、施工及内部配置的标准非常高，至今还是湘潭市范围内最好的教学楼。

2013 年暑假，学校投入将近 1000 万元的巨额资金，全面改造学校电网，进行电力增容。教室和学生寝室全部安装空调，热水系统也进行了全面改造，实现了热水进入每间寝室的目标。同年教学楼、办公楼、食堂进行了全面的维护维修，并且重新粉刷了一遍，以崭新的面貌呈现在全校师生面前。

2014年暑假，学校的所有道路进行了全面的提质改造，铺上了沥青，使学校的整体面貌又大幅改善。

2015年7月16号，投资约1.2亿元的艺体馆开工建设。作为建校七十周年的献礼工程，2016年10月如期竣工并投入使用。另外，风雨连廊和主教学楼、办公楼的"穿衣戴帽"提质改造等也如期竣工，文化长廊、文化石等校园景观文化装饰到位，共同为校庆添彩。学校还花380万元，为每间教室配备了100件超大屏幕电子白板一体机。

2017年，改造了对海航班学生教室、寝室，让首届海航班学生如期入住全新宿舍和教室。同时，改善学生住宿条件，改造空调系统和热水系统。

2018至2019年，学校投资约687万元，完成了两栋学生公寓的升级改造，并做好了新扩建食堂的前期准备工作。

2019年，学校再次投资约1860万元，完成了剩余4栋学生公寓的升级改造。同时，投资约2000万元，进行食堂扩建改建，并于2020年8月竣工。

现在，我们学校的各项设施已基本完备，可以毫不夸张地说，现在学校的硬件设施即使放眼全省，也属于一流行列，甚至超过了许多大学。

校史沿革

1946 年	湖南私立石浦中学分校
1946 年底	湖南私立江声中学
1951 年	湘潭县立第二初级中学
1953 年	湘潭县立第一初级中学
1956 年	湘潭县立第一完全中学
1970 年	易俗河区第一中学
1976 年	湘潭县"五七"大学
1978 年	湘潭县第一中学

历任校长

一所好学校要有一个好校长，校长调控学校的发展方向，调控学校管理机器的运行功率，调控学校的发展后劲等。从办学之初，到现在为止，学校先后经历王文吉、王理传、葛志成、于殿武、刘伏秋、李峰、凌云善、唐泽映、彭祖成、王耀根、王峻德、易克立、唐海秋、唐新华、欧阳求是、彭奋强、易剑美、赵罗海、齐学军等十九任校长。他们以较高的道德修养、较强的人格魅力、良好的自身形象发挥带头作用，推动特色校园文化建设和学校健康发展。他们对教育的激情、对教育全身心的投入和无私的奉献、对教育敏锐的洞悉和准确的把握、对教育求变的思维和不变的热情等，无不影响着学校，影响着师生员工。

第一任校长：王文吉
任职时间：1946—1950

第二任校长：王理传
任职时间：1950—1951

第三任校长：葛志成
任职时间：1951 年

第四任校长：于殿武
任职时间：1951—1956

第五任校长◎刘伏秋
任职时间：1956—1958

第六任校长◎李峰
任职时间：1958—1959

无照片

第七任校长：凌云善
任职时间：1959—1962

第八任校长：唐泽映
任职时间：1962—1968

第九任校长：彭祖成
任职时间：1968—1978

第十任校长：王耀根
任职时间：1978—1981

第十一任校长：王峻德
任职时间：1981—1984

第十二任校长：易克立
任职时间：1984—1990

第十三任校长：唐海秋
任职时间：1990—1994

第十四任校长：唐新华
任职时间：1994—1998

第十五任校长：欧阳求是
任职时间：1998—2002

第十六任校长：彭奋强
任职时间：2002—2007

第十七任校长：易剑美
任职时间：2007—2008

第十八任校长：赵罗海
任职时间：2008—2017

第十九任校长：齐学军
任职时间：2017年至今

五次跨越

　　金霞南来，派启衡岳一脉；湘江北去，波涌云梦之泽。三湘名校——湘潭县第一中学就坐落在这片被湖湘文化浸染的湘中福地。毛泽东、彭德怀、齐白石等伟人先贤赋予了湘潭县第一中学独特的气质神韵。学校秉承"刚劲、务实、敢为人先"的湖湘精神，锐意进取，积淀了深厚的办学底蕴。办学70余年来，仰沾时雨，辛勤耕耘，薪火相传，弦歌不辍，历经两个校址，八易校名，五次跨越。

第一次跨越：

　　1946年，湘潭凿石（现株洲）先贤王文吉先生进押租银450两（借来的），岁纳租谷46石，择址租赁抗战受降地——易俗河八斗丘，取名"湖南私立石浦中学分校"。当时的校舍，只有破旧的大小房屋八十余间。经多方募集资金，捐契学田，带领师生"艰苦创办，生产自救"，于1947年春（取"涓江之滨，书声琅琅"之意，改校名为"湖南私立江声中学"）招收第一班学生。到中华人民共和国成立前夕，共有教室8间，学生宿舍8间，教员宿舍3间，办公室1栋。学校创办至1949年上期，共有5个班，学生 209 人、教师 13 人，成为一所初具规模的初级中学。

因负债过多，难以为继，王文吉先生于 1950 年下期辞去校长职务。1951 年下期，由人民政府接管，改校名为"湘潭县立第二初级中学"，由县长于殿武兼任校长。至此，学校完成了由私立中学向公立中学的第一次跨越。

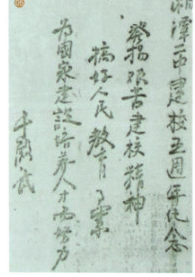

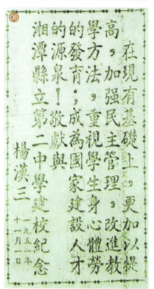

🔼 01 湖南私立石浦中学分校手绘图
🔼 02 建校初期建的教室、家属院
🔼 03 建校 5 周年教师代表合影（中为于殿武）
🔼 04 建校 5 周年全县各界代表合影（左四为于殿武）
🔼 05 县长兼校长于殿武为建校五周年校庆题词
🔼 06 湘潭专署教育科长杨汉三为学校题词

第二次跨越：

在县人民政府的支持下、县长（兼校长）于殿武同志的高度重视下，1952 至 1956 年，副校长刘伏秋同志带领全校师生艰苦创业，先后建起了建设楼、和平楼（是一栋二层教学楼，于 1952 年动工修建）、八一楼（即后来的办公楼，现在的湘潭江声实验学校，于 1953 年动工修建）等，学校基本具备了办完全中学的条件。1953 年下期，在易俗河镇党委的领导下，建立了学校党小组。1955年，因"县立一中"（现湘潭市一中）改为"市立一中"，八斗丘的"湘潭县立第二初级中学"改名为"湘潭县立第一初级中学"。为了满足当时年青人上进的需求，1956年下学期开设高中部，招收4个高中班，学校再次更名为"湘潭县立第一完全中学"。至此，学校完成了由初级中学向完全中学的第二次跨越。

学校发展为完全中学后，成立了党支部，历届党政领导全面贯彻教育方针，坚持正确的办学思想，积极改进教学方法，努力提高教学质量。1959至1963年高考均取得比较辉煌的成绩，同时还为国家输送了7名飞行学员。1970年，学校校名更为"易俗河区第一中学"。在接下来的多年时间里，学校工作受到当时政治形势的严重影响，教学秩序一度非常混乱。校名于1976年被改为"湘潭县'五七'大学"，直到1978年8月，才改为"湘潭县第一中学"。此后，教学质量明显提高。1979年，两个高中毕业班学生70人，录取大专院校57人，占81.4%。

↑ 01 湘潭县立第一初级中学办公楼
↑ 02 1958年建成的校门
↑ 03 1957年高一班合影，后排右一为彭先觉（院士），右四为贺先觉（少将）

↑ 1954 年毕业纪念章

↑ 1955 年毕业纪念徽章

↑ 体育运动奖章

↑ 学生佩戴的校徽（正）

↑ 学生佩戴的校徽（背）

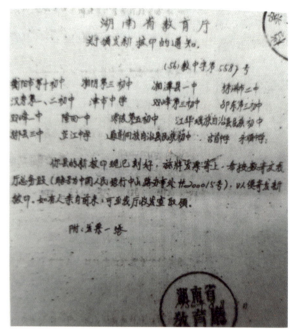

↑ 1956 年湖南省教育厅的批文

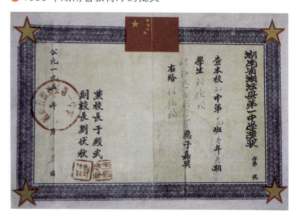

↑ 20 世纪 50 年代的奖状

↑ 学生证

↑ 20 世纪 60 年代学生学军留影　↑ 学农基地（现县九中和职校所在地）

第三次跨越：

自 20 世纪 70 年代末至 1998 年，学校五任管理团队励精图治，开拓进取，严于管理，办学规模不断扩大，在校人数不断增加，教学设备不断更新，教学质量不断提高。至 1998 年，学校有教学班级 30 多个，学生人数 2000 多人，教职工近 200 人。有 2 栋教学大楼、3 栋学生宿舍、1 栋实验大楼、1 栋办公大楼，其他教学设施一应俱全，各方面的条件均达到湖南省重点中学建设标准和办学要求。1998 年 11 月，学校通过湖南省重点中学检查评估验收，1999 年 9 月 10 日，学校正式挂牌为湖南省重点中学（后更名为省示范性普通高中）。至此，学校实现了由一般中学到重点中学的跨越。

1998 年，学校创办了江声实验中学，属国有民办性质，实行董事会领导下的校长负责制。此后 20 多年的办学，取得了可喜的成绩，在全市乃至全省赢得了声誉，打造了过硬的"江声"品牌。

↑ 1991 年建成的校门　　　　　　↑ 20 世纪 80 年代的奖状

↑ 20 世纪 80 年代的学校

↑ 1985 年 9 月 10 日首届教师节庆典

↑ 1998 年成功申报湖南省重点中学全体教职员工合影

第四次跨越：

自 1998 年开始到 2004 年，我校高中教学质量已经连续六年领跑湘潭市，广大青年学子渴求优质教育资源的需求越来越强烈，而八斗丘校区虽经多次扩建，但仍无法满足需求。2002 年 12 月至 2003 年 11 月，经多次论证，湘潭县人民政府常务会议及县委常委会议先后作出决定，组建湘潭县一中教育集团，将高中部校区整体搬迁至金霞山下。2004 年 3 月 18 日，搬迁指挥部成立并迅速开展建设工作。10 月份，办好了征地手续，第一期工程也随之相继启动。由于广大工作人员加班加点、日夜奋战，投资过亿、占地 328 亩的新校区完成规划的第一期工程，在 2005 年 8 月底相继竣工并交付使用。2005 年 9 月 1 日，高一新生在新校区如期开学，创造了人人称赞的"一中速度"，实现了县委、政府年初制定的工作目标。高二、高三年级于同年 12 月份搬迁至新校区，标志着整体搬迁工作全部完成。至此，学校实现了由八斗丘老校区向金霞山新校区发展的跨越。

⊙ 05 学校全貌
⊙ 06 团结广场及学生公寓
⊙ 07 生活服务大楼
⊙ 08 高三教学楼（九华楼）

⊙ 01 校门及校园大道
⊙ 02 图书馆
⊙ 03 学生公寓
⊙ 04 教学楼及团结广场

第五次跨越：

2005年，高中部移址金霞山麓后，为了顺应新的高中教育竞争态势，学校加大了管理改革力度。经过十多年的努力，学校完成了全部建校规划项目，办学条件得到全面提升，硬件设施功能齐全，招生规模不断扩大。在激烈的高考竞争中，湘潭县第一中学更是独领风骚，誉满莲城，教学质量进入全省十强行列。从1998年至今，连续23年学校高考的各项指标均稳居全市第一、全省前列。特别是近十来年中，共有93名同学考入清华北大，实现了成群结队上清华北大的梦想。2003年，黄芳同学以696分的优异成绩摘取全省高考文科状元的桂冠。历年有罗望熙、董佩、陈元、吴家姝、刘婷、彭宇峣、官亚夫、黄博文、阳熙、李蔚、李岸、周栖敏等20多位同学分别成为当年高考的文、理科市状元。同时，每年有50多人进入军事院校深造。学校是湖南省首批同时荣膺"清华""北大"直荐资格六校之一，曾连续三次获得北京大学"中学校长实名推荐制"资格，并入选清华大学"领军计划"，成为湖南全省同时获得向北大、清华推荐学生的八所名校之一。2011年、2013年、2015年和2017年学校连续被评为第四、五、六、七届"中国百强中学"，还获评湖南省首届"魅力校园"。至此，学校实现了由一般省重点中学向三湘名校的跨越。

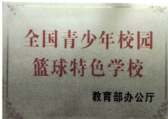

五次跨越，记载着一中人奋斗的足迹，承载着一中人"敢为人先"的精神。成绩属于过去，当今，在习近平新时代中国特色社会主义思想指引下，在新高考全面实施的时候，我们又面临着新的发展机遇期，如何使学校各方面建设和办学水平再上新的台阶，相信，继续发扬一中人的精神，就一定能从胜利走向胜利，就一定能实现新的跨越！

精神文化

　　静能春风化雨，润物无声；动能点石成金，琢璞成器。全校师生在"卓实教育"的感召下，同心同德，坚持"激扬生命·奠基人生·成就梦想"的办学理念。我们确信每一位学生都有不断发展的动机和潜能，每一个学生都有自我实现的价值追求，都有获得尊重、选择学习、自主发展的权利，我们必须尊重、关爱、相信每一个学生，为学生终身发展、和谐发展、持续发展和能够创新奠定基础。所以，我们把学生看成学校生存之本，把学生看成学校发展之本，致力于培养品德高尚、身心健康、习惯优良、基础扎实、发展全面、学有特长、富有创新与合作精神、兼具国际视野与领袖才能的社会有用之才。

《办学主题词》

① 办学核心理念：激扬生命·奠基人生·成就梦想

　　"激扬生命"的核心就是自觉（育生命自觉）、潜能（激发学生鲜活的生命力）、使命（激发学生时代使命感）。

　　"奠基人生"的具体内容是奠生存与发展的能力，奠适应与创新的能力。

　　"成就梦想"的具体内容是成个人之梦，成家国之梦。

　　我们把学生看成学校生存之本。学校是因学生而设，办高中就是为了培养合格的高中生。合格的学生愈多，学校就愈能得到社会的广泛认同，学校的生存空间就愈显广阔。

　　我们把学生看成学校发展之本。"学生发展"是一个内涵极为丰富的概念，从对象上讲,既包括少数精英的成功,也包括全体学生的成才;从内容上讲,既包括个性发展,也包括全面发展;从时间上讲,既包括学生在校期间的发展,也包括未来的可持续发展。因此,学校教育要关注和促进学生的发展,无论是哪个层面的学生,我们都一视同仁,使他们的个性得到合理的发展。在班次设置、教育方法和管理模式等方面,顾及每个学生,使他们的特长得以展示。

总之,我们办的教育,就是致力于培养品德高尚、身心健康、习惯优良、基础扎实、发展全面、学有特长、富有创新精神、兼具国际视野的社会有用之才。

❷ 校训

（1）祖国在我心中（2016 年以前）

爱国,是人世间最深层、最持久的情感,是一个人立德之源、立功之本。它扎根在亿万同胞的血肉里,深藏在中华民族伟大复兴的理想里。"爱国"不是一句口号,而是一种情怀和担当。我们的教育,就是要适应时代发展的要求,增强爱国的情感和振兴祖国的责任感,树立民族自尊心与自信心,弘扬伟大的中华民族精神,高举爱国主义旗帜,锐意

进取,自强不息,艰苦奋斗,顽强拼搏,把爱国之志变成报国之行。

（2）修德 · 敬业 · 强能 · 健体（2016 年后）

"修德",出自《左传·庄公八年》:"《夏书》曰:皋陶迈种德,德,乃降。姑务修德,以待时乎!"让学生修养德行,提升自身的修养、素养,把学生培养成为一个品德高尚的人。

"敬业"就是专心致力于学校的工作。它是一个道德的范畴,是教育工作者严格遵守职业道德

操守的工作态度。

"强能",出自《后汉书·河间王开传》。其意为教师努力提升业务水平,在教育教学上的能力显现出高人一筹。

"健体"是一个人之根本,一个人拥有健康的身体作后盾,才能拥有充沛的精力,然后愉快地学习、工作。同时也强调了学校高度重视体育、对学生的生命健康负责的忧患意识。

3. 校风:团结·求实·勤奋·进取

"团结"是人与人之间互相信任、互相支持、共同进步,并用真诚去面对这个集体中的每一个人,让这个大家庭里的每一个人,都感觉到他人的温暖。

"求实"是要求师生认真读书、老实做人。在教育和学习上不可弄虚作假,在学问面前,做老实人,求真才学。

"勤奋"就是以持之以恒的毅力与耐心,日复一日不懈地努力,从而打造成学生的人生定势,勤学、勤练、勤实践。

"进取"便是不断通过自身的努力,一步一个脚印向前走,最终获得成功。

4. 教风:严谨·沉实·互助·创新

"严谨"是指老师对于科研和学术问题具有实事求是的态度和精神,在求知和传授知识和学问的过程中从细处着眼,做到严密谨慎、严格细致。

"沉实"是指老师相信科学,遵循规律,在工作上深沉笃实、沉着、一丝不苟,为学生打下良好的基础。

"互助"是指教师团结友爱,互相关心,互相学习,互相帮助,共同进步,共享事业,共创辉煌。

"创新"是指不甘现状,博采众长,勇于探索,与时俱进,利用已有的自然资源创造新东西,创新新教法,为未来培养新一代创新人才。

5. 学风:自觉·刻苦·活泼·善思

"自觉"追求的是学习最终要达到自主学习,并在学习上要不断实践,形成自觉,将其内化成生活的方式。

"刻苦"就是让学生读书不畏难,并充分利用每分每秒的时间学习新的知识,把旧知与新知很好地结合起来,发扬拼搏向上的精神,勇争第一,永不言败。

"活泼"就是始终保持学生的天性,让他们富有生气和活力,践行绿色生命的教育理念。让校园成为学生健康成长的乐园。

"善思",出自《荀子·成相》:"臣谨修,君制变,公察善思论不乱。"是指善于思考,慎重考虑。

6. 办学目标：全市领先、全省一流、全国知名、国际接轨

学校实施以文化治校的方略，打造卓越教育团队，推行素质教育，促进学校的快速发展；同时引领地域内教育的快速发展，做教育的带头人、领头羊、排头兵，让更多的人享受优质教育资源。

7. 办学特色：文武并重、文理兼修

8. 教育主张：卓实教育（锻造卓实之师、打造卓实之课、营造卓实之境、发展卓实之品、培养卓实之生）

《说文解字》言：卓，即高也；《广雅》言：实，即诚也。

所谓"卓"，正如刘向《说苑·建本》有言："尘埃之外，卓然独立，超然绝世，此上圣之所游神也。"其大意是：在芸芸众生的思想意识之外，高高突出，鹤立鸡群，将凡尘俗世的人们的思想追求远远地抛在后边，这是"上圣"之人理想追求。学校提出"卓"之教育，是希望全体一中人无论是思想格局还是实际行动都能卓尔不凡，希望"追求卓越"成为一中人一生的信念。

于教师而言，其"卓"表现在有大情怀，不只将教书当职业，更将之当作毕生热爱的事业，甚至是当作自己的使命。我们要求教师要明白自己所从事的是一种关乎独一无二的生命之未来的工作，同时也是一种关乎民族乃至人类之未来的工作，要对自己的工作有足够的尊重与敬畏，要对我们所面对的学生有足够真诚的爱。因为这份使命感、这份敬畏和这份真诚的爱，老师们要从各个方面高标准地要求自己，让自己成为学生知识、思维、精神与心灵的源头活水。

于学生而言，其"卓"表现在两个层面。一是希望一中的学子能够成为知识与真理的真正渴求者。不只是为了高考而学习，要去用心感受各学科的独特魅力和思维活动带来的精神愉悦，从而真正实现学科核心素养的提升，为成为真正具备核心竞争力的专业人才打下坚实的基础。二是希望一中的学子能够品学兼优，眼中不只有小时代，还有宏大又与自己息息相关的大时代；心中不只有自己的小世界，还有装着他人、社会、家国的大世界，立志成为有责任担当、家国情怀和国际视野的现代公民。需要强调的是，"卓"绝不等于精英教育，它是面向全体学生的，是希望通过"卓"之教育让所有的一中学子都能达到上述两种境界。未来他们会去到不同的领域和行业，但在一中培养出来的追求卓越的信念会让他们在自己所从事的工作上精益求精，在一中所熏陶出的责任担当和家国情怀更会让他们都成为祖国未来的建设者。

所谓"实"，即指希望全体一中人成为品德忠纯、务实求实之人，其主要体现在两个层面：一是教师的教育工作要落到实处，不做表面文章，也不急功近利。明代王阳明在《传习录》卷上说："名与实对，务实之心重一分，则务名之心轻一分。"教育是最来不得弄虚作假的工作，误人、误国都不是小事。学校要求全体教师戒除浮躁心，去掉功利心，俯身下去，做好每一件教育者应该做的事情。二是学生求学一定要落到实处，脚踏实地，不好高骛远，不急躁虚华。在培养学生高远理想的同时，学校更会引导学生明白"登高必自卑，行远必自迩"的道理，所有的梦想都要化为切实的行动。"实"更有充实之意，希望通过"实"之教育，让学生不虚华、不空虚，重视心灵的充实与精神的富足，明白"充实之谓美，充实而有光辉之谓大"的道理。"实则外患不入"，唯有务实求实方能静心求学，将来也才能沉心干事业。

卓实教育是一个教育目标上追求卓越、教育要求上追求卓立、教育实践上追求务实、教育精神上追求充实的教育过程。我们追求卓实教师观，以"卓"引领，以"实"践行。教师在坚持立德树人的教育原则上，既是传道授业解惑者与管理者，亦是家长代理人、学生知己与心理调节者，更是教育研究者。从理论到实践，从实践到理论，一步步丰富自我，追求卓越，从学生学习到学生生活，关注于学生成长的方方面面，将教育工作落到实处。我们追求卓实学生观，在以人为本的基础上，坚持学生在教育活动中的主体地位，致力于发展学生个性特点，把握学生的发展规律，将学生培养成目标卓远、思想卓厉、性格诚实、学业踏实的卓识实学之人。我们追求卓实的课程观，在响应我国新课程改革的基础上，追求课程卓立，即追求个性化的知识观；注重课程实际，强调课程的生活化与综合性。我们追求卓实的成功观，不以职业分贵贱，且以卓实论英雄，致力于培养社会各行各业所需要的专业人才，培养社会所需要的"人"！

9. 一中精神：爱国敬业·务实创新·与时俱进·追求卓越

10. 运动理念：让锻炼成为习惯·让运动带来快乐·让健康相伴一生。

校徽

徽标呈现为红、白两种色调，将几何图形与学校和湘潭特色元素等巧妙融合，艺术构图，视觉丰满，内涵丰富，立德树人，理念突出。

两个"同心圆"，一是"心"，为一颗"爱国爱校"的红心；二是团结一心，"小我"离不开大家。

"水"，一是荷花生长环境；二是"湘江"；三是生态环境美，人杰地灵。

"盛开的荷花"，一是湘潭县为"中国湘莲之乡"；二是品自高洁。

"展翅高飞的雄鹰"，一是"一中"拼音首字母"YZ"之艺术化；二是寄望广大学子志存高远。

"1946"为学校创办年。

毛体书法的"湘潭县一中"校名，一是体现毛体独特的文化内涵；二是突出湘潭为毛主席故乡。

"XIANGTANXIANYIZHONG"为校名的拼音。

校歌

校歌是一所学校规定的代表该校的歌曲，是学校办学理念、校园精神和学校特色的集中体现。

我校校歌，由第十二任校长易克立整理歌词，由音乐教师寻小平老师谱曲。校歌是我校校园文化的重要组成部分，也是我校对外的形象展示和宣言，激励着毛主席家乡的青年学子茁壮成长、志在四方，号召团结求实的教职员工勤奋进取。

扫码听歌

《 校 歌 》

$1 = D \frac{2}{4}$

易克立整理歌词

寻小平曲

（ 567 ‖: i － | i 567 | i － | i 567 | i· i 76 | 5654 3432 |

| 1 1· 1 | 1 0) | 5 1 2 | 3 5 | 3· 2 1 2 | 5 － | 6 2 | 3 |
我 们 可 爱 的 学 校 矗 立 在

| 4 6 | 5 1 43 | 2 － | 3 3· 3 | 6 | 6· 6 | 5 | 1 2 | 3 － |
湘 江 岸 上， 周 围 是 广 阔 的 田 野，
老 师 在 辛 勤 的 耕 耘，

| 2 2 | 3 | 6 | 5 5 | 4 | 3 2 | 1 | 0 1 | 6 － | 4· 1 | 6 － |
对 岸 是 林 立 的 工 厂。 啊！
我 们 在 茁 壮 成 长。 啊！

| 5 － | 2· 2 2 3 | 4· 4 3 4 | 5 － | 5 － | 6 | 6· 6 | 5 6· |
胸 怀 祖 国 志 在 四 方 让 有 的 人 去
团 结 求 实 勤 奋 进 取 迈 开 青 春 的

| 5 5 1 2 | 3 － | 5 | 5· 5 | 6 5· | 4 3 2 1 | 2 | 1 2 | 3 － |
建 设 工 厂， 让 有 的 人 去 建 设 农 庄。 啊！ 湘
步 伐， 托 起 明 天 的 太 阳。 啊！ 湘

| 5· 5 | i· i 76 | 5 3 | 6 76 | 5 | i· i | 2· | 6 7 | 5 |
潭 是 毛 主 席 的 家 乡 我 们 要 实 现 他 的 理
潭 是 毛 主 席 的 家 乡 我 们 要 实 现 他 的 理

1.   2.
| i － | i 567 :‖ | 7 － | 5 － | i － | i － | i 0 ‖
想！ 理 想！

思考：你心中的一中精神是什么呢？

德育文化

正所谓：一个不知来路的民族，是没有出路的民族。中国优秀传统文化是中华民族的精神命脉，学校作为优秀传统文化传承的重要载体，要从文化责任担当的高度，将其作为美育、德育的重要组成部分融入学校教育全过程，以促进学生的全面发展。

德育不是简单的强制，而是文化的引领。我校围绕"立德树人"根本任务，推进德育、智育、劳育、美育、体育的落实，全面提高学生文明素养和综合素质，我校坚持"五育并举"的原则，以班级文化建设为统领，以班级文明建设和学风建设为抓手，搭建了"立德树人"德育论坛平台。德育论坛旨在引导我校班主任提高德育工作能力，以班级文化建设为统领来开展工作；希望能够引领班主任们创新实践形式，营造温馨和谐的班级环境，开展丰富多彩的班级活动，形成班级文化与个性发展、社会实践、时代发展相结合的态势，推进校园文化建设。

师德建设

众人多言"一所好学校，许多好老师"，殊不知"许多好老师，一所好学校"。正如清华大学梅贻琦校长所言"大学非大楼之谓，乃大师之谓也"。我们湘潭县第一中学亦是如此认识。一中人深知，教师是学生的教育者、生活的导师和道德的引路人。唯有"卓实"之师方能育出"卓实"之生。因此要践行好"卓实教育"，要立好德、树好人，则必须从增强教育者的素质开始，包括思想素质和专业素养。一中的光辉岁月，是一代又一代一中好老师奋斗出来的，一中的精彩未来也寄托在一代又一代一中好老师的身上，师德师风建设便是这薪火相传的法宝，而我校师德师风建设的精髓则在于，践行"卓尔不凡、追求卓越"和"品德忠纯、务实求实"的理念，让每个老师都成为好老师——成为品德好、学问好、教得好的新时代好老师！

为了保障学校又快又好的发展，学校坚持实施卓有成效的"名师工程"来加强师资队伍建设。目前，学校拥有一支引以为傲的教师队伍，以"特别能吃苦、特别能战斗、特别负责任"闻名全市。全校教职员工350余人，其中硕士学位的50人，中学高级教师120余人。专任教师中，有一批引领全校教师实现专业成长的骨干人才：特级教师3人，正高级教师4人，国家级、省级骨干教师12人，市县学科带头人骨干教师77人，"杏坛之星""金牌教练"30多位。近年来，共有40多位教师在国家以及省、市、县各个级别的赛科和说课活动中取得佳绩；40多位教师荣获国家、省、市、县优秀教育工作者、优秀班主任和优秀教师等荣誉称号。

涵育师德师风　锻造卓实之师

——湘潭县第一中学师德师风建设侧记

（江腾　陈郁　陈芳　张致诚）

师德是教师的立业之基，从教之要。国家领导人高度重视师德师风建设，强调"评价教师队伍素质的第一标准应该是师德师风"，对广大教师提出了"四有好老师""四个引路人""四个相统一"等明确要求。

湘潭县第一中学时刻牢记总书记的教导，以卓实教育为引领，精耕"学校引导""师师互促""师生共情"三大平台，以实现师德师风"始于卓实，止于至善"的建设目标，让每名教师都成为品德好、学问好、教得好的新时代好教师！

勤奋、共情、科学——卓实教育点亮师德师风新坐标

许多人都说"一所好学校，许多好老师"，殊不知"许多好老师，一所好学校"。湘潭县第一中学领导班子深知，教师是立教之本、兴教之源。师德师风建设更是打造高素质教师队伍、落实立德树人根本任务的关键所在。

校长齐学军为全校师德师风建设指明了方向。"要践行好'卓实教育'，把'卓尔不凡、追求卓越'和'品德忠纯、务实求实'的理念作为师资队伍建设的目标，立好德、树好人，用卓实教育构建教师成长模式。"在"卓实"理念的引领下，湘潭县第一中学提出了"勤奋""共情""科学"的师德师风新内涵。

教师们用"工匠精神"打造教育教学环节中每一个细节，研究学情并做好分析报告，

研究教材，认真设计高效课堂，每堂课写好教学反思，写好教师日记……

学校尊重学生人格与需求，共情育人，为此专门成立了"新时代文明实践志愿者总队"，分设教师大队、学生大队、家长大队等七个大队，倡议全体教师每周抽出一小时为学生开展义务辅导。在湘潭县第一中学，无论课间、午休或者晚自习时间，无论教室还是办公室，到处可以看到任课教师义务辅导学生或者师生促膝谈心的场景，这些温馨的场面也成为学校一道靓丽的风景线。

不仅如此，学校还提倡科学育才，为有特殊天赋的学生单独设计培养方案，分层教学、部分学科"走班"、音体美特色班等多种培养方式并存，因材施教，科学施教。学校通过这些有力的科学育才措施，让每一个学生都有出彩的机会，都能朝着自己的梦想奋力前行。

如今在湘潭县第一中学，做一名有理想信念、有道德情操、有扎实学识、有仁爱之心、有勤奋态度、有共情能力、有科学方法的好教师已成为所有教师的共同追求和价值取向。"卓实"之师已经成为学校培育"卓实"之才、推进教育事业高质量发展的源头活水。

学校、师师、师生——三大平台构建师德师风新格局

那么，如何提升师德师风建设质效？怎样为"卓实"教师队伍建设提供更为强劲有力的支撑？湘潭县第一中学聚合创新要素和校内资源，精心构建"学校引导""师师互促""师生共情"三大平台，为师德师风建设凝聚合力、激发活力。

"学校引导平台"为教师提供师德师风学习与践行的机会，引导助力成长，激励推动进步。学校坚持全校一起学、全校一起说、全校一起做的引导方式，用理论构筑教师的精神堡垒，让有价值的理念熏陶教师情操，让师德师风建设唱响在校园里、体现在讲台上。学校坚持树立典范、鼓励为主的激励机制，在学校每年度的"教育基金奖"评选活动中，都有百余位优秀教师获得金讲台奖、优秀共产党员等12个奖项的表彰；学校鼓励教师积极参与职称评定或骨干教师、学科带头人评选，其中有6位教师被评为正高或特级教师，增加了30余位学科带头人及骨干教师。这些，使教师的获得感和幸福感不断增强，从而激励老师们不断突破自我，不断向"卓实之师"靠近。

"师师互促平台"推动了教师间互相帮助及共同进步，营造了良好的同行氛围。学校通过"青蓝工程"开展针对年轻教师的以老带新、一帮一等形式的拜师学艺活动，形成师徒之间相互学习、相互促进的良性互动。一中"金霞集结号"在教师微信群中吹响了，大学招生计划、高考科目内容改革信息等教育教学心得在教师中互相分享，形成了团结、互助、学习、进步的微信群新生态。

"师生共情平台"旨在鼓励教师向学生学习，积极吸收来自学生角度的反馈，助推自身的进步。学校创设了"金霞尚德"栏目，学生们纷纷拿起笔，记下他们最美年华中遇到的好教师，写下每一个好教师给予他们的感动。通过从学生们身上学习，教师经常

问自己"我是不是好教师？我要如何成为好教师？"从而促进了教师的自省及提高。

如今，三大平台已经成为推动学校师德师风建设的重要载体，为建设一支优秀的教师队伍提供了强大的内生动能。

未来，湘潭县第一中学将以习近平新时代中国特色社会主义思想为指导，以师德师风建设为抓手，锻造卓实之师、打造卓实之课、营造卓实之境、发展卓实之品、培养卓实之才，努力把学校建设成为高品位、高质量、有特色的三湘名校！

（此文于 2021 年 1 月 7 日发表在《中国教育报》上）

全校一起学，用理论构筑每一位教师的精神堡垒。每学期学校都会举行师德师风建设专题会，还会抓住每次大会、例会的机会，组织全校教师深入学习贯彻习近平总书记关于教育的重要论述和全国教育大会精神，让每次会议上师德师风理论的学习，都能为我校师德师风建设提供理论支持与方向指引，将社会主义核心价值观及立德树人思想贯穿师德师风建设的全过程。全体老师明白，立德树人的成效是检验学校一切工作的根本标准，师德师风是评价教师队伍素质的第一标准。敦切之音，常环耳内，时时奉行。

全校一起说，让有价值的理念影响更多的人。学校举办"TED"演讲会，每周邀请一位教师传播教学经验、探讨教育感悟和教育新思想。如齐学军校长在演讲会上从自身经历出发，认为"勤奋""共情""科学"应成为师德师风的重要内涵，而这一理解也逐渐渗透到一中教育教学的每个细节当中，成了一中人对师德师风的统一认识。如宾晓琴老师分享了几个心理效应对班级管理的影响，从心理学角度为班级管理提供理论借鉴；青年教师陈郁"上善若水——做如水的老师，育如水的学生"的演讲，从"水"中悟出了"好教师"的六个特征，给台下的教师以很大的启发。自举办 TED 演讲会以来，我校一共开展了 30 多次演讲，取得了良好的反响，我们争取做到人人皆是演说家，人人皆是分享者，建立一个能够有助博采众长的分享学习平台，引导教师全面发展。除此之外，学校每学期都会举办至少两次"教育论坛"，以演讲、微班会或是圆桌论坛的方式分享经验，交流思想。让与会教师能够从最生动的细节里感受到最美师德、最美师风的模样。

师德有声铸辉煌

/ 齐学军老师 /

尊敬的领导，各位同仁：

上午好！

1994年，我成为了人民教师，26年过去，我的岗位在变，职级在变，我对"教师"职业的认识，对"师德"的内涵及其力量的理解，在不断地加深。今天我和大家分享我亲历的三个故事，聊一聊我心中的"师德"的内涵。

◆ 勤奋篇

在我刚刚教高中时候就是用手写教案。那是一段热血的青春时光。我常常用两天甚至三天的时间来准备一堂45分钟的课，教高三那一年里，写了整整14本教案，因为除了精心设计教学思路外，我还要将近10年的高考题、真题、好题工工整整地摘录在我的教案本上。这样，我在课堂上讲授的每一个例题，在课后布置的每一道作业题，一定是茫茫题海里最适合学生的。下班辅导学生问题，我很多时候题目都不用看完，就知道其困难在哪。在这一过程中，就像庖丁解牛一样，悟到了数学教学中的一些"道"。

有人可能不理解，为什么我会做这些看似很笨拙的事情，因为我有一个近乎执拗的观点：以扎实的学科知识，以高效的教学过程让学生用最短的时间学好你这一门学科，不浪费学生时间，不耽误学生未来，这是作为一名教师最根本的师德。而要守住这一师德之根，第一需要的是教师的勤奋。勤奋是师德的第一内涵。唯有师者勤奋，才能将学生宝贵的时间用在刀刃上，不让学生沦为时间抢夺战里的牺牲品；唯有师者勤奋，才能让学生的求知方向更明晰、让学生步伐更轻松，心情更愉悦，收获更丰富。

奋斗换来了幸福，我所教班在高考中均取得了优秀的成绩；我的勤奋成为学生人生飞翔的助力：2003年，黄芳夺取湖南省高考文科状元，数学148分！

◆ 共情篇

我当班主任的时间不长，却最真切地体会到老师对学生一生影响有多大。

曾有一个毕业多年的学生写给我一封长信。她回忆了我任其班主任的时候对她影响最大的几件事。其中一件发生在我刚接任班主任的时候，班上有几个学生对一个已经教了他们一年的任课老师不满，写信给校长要求换老师。年轻气盛的我，站在讲台上对着这几位学生就是一顿骂，并说："你们不只是成绩差，什么都差！"这样的气话使师生关系一下子变得异常紧张。下午，这位学生便给我写了一封长信，自然是批评我。第二天，我又站在了讲台上，对我的失态、对我处理事情的粗暴以及我对他们造成的伤害一一做了检讨，并诚挚地道歉。15年后，学生这样回忆当时的场景："我以为又会迎来一场暴风雨，但没想到是您的检讨和感谢，我们很震惊，也很感动。震惊于您的勇敢，感动于老师能愿意站在学生的位置上体会我们的尊严与情绪，这些是我们从未体验过的。"

我很感谢这位同学让我重新回忆并思考了这件在我的教育生涯里并不起眼但很有价值的小事。一个教师站在学生的立场去思考、判断、决定，往往能取得意想不到的效果。这就叫做"共情"。"共情"不单纯是一种沟通能力，它更是一种极为重要的教育特质。它表现为对学生的接受、理解和尊重，让学生感到被悦纳、被理解、被尊重，从而感到愉快、满足，更加自信健康地成长；促进学生自我表达、自我探索，从而达到更多的自我了解和师生双方更深入的交流。这样，教育才能朝着最正确、最科学的方向发展。我认为，"共情"也应该是师德的重要内涵。

◆科学篇

作为一个教育工作者，尤其是在校长这个职位上，我常常思考这样几个问题：在我们的办学理念中，应该为谁培养人？培养什么样的人？怎样培养人？

2018年盛夏，我和党委班子成员做了一个重要决定，这在一中的发展史上是从来没有过的。我们在招生时遇见了一个不一样的学生，这个学生在数学方面很有天赋，而且他立志要成为数学家。但是录取时，这位学生和他的家长却提出了让我们很惊诧的要求：第一，他不进教室学习，所有科目自学；第二，三年期间，不参加任何考试，高考不报考北大清华，要考香港中文大学，因为他崇拜的数学家丘成桐就是港中大毕业的。

这个条件给我们出了个难题：因为，在依旧以清华北大人数作为指标之一来衡量学校好坏的当下，三年后他不能给学校带来荣誉；即使他按照既定的轨迹顺利成长，二三十年内恐怕也无法给学校带来多少荣耀。但是我心底有个声音告诉我：接受他的要求，为他创造条件，实现他的梦想。因为天才有适合天才的学习方式，更因为一个教育工作者不能掉进世俗的利益怪圈中，为了所谓的清华北大而无视学生的个性发展和人生追求。于是，我们录取了他，并为他单独安排住所。

在一中，我们的理念是：让每一个学生都有出彩的机会。每一个独特的生命个体交到我们手上，需要因材施教、科学施教。我们要真正去做激扬生命的教育，让他们都朝着最精彩的未来发展。而不是机械地复制，千人一面，千篇一律。

同志们，我所理解的师德，就是这六个字：勤奋，共情，科学。培养人的工作，需要教师自身的勤奋，需要教师俯下身去与学生共情，需要讲究方法的科学性。今天，我想呼吁，将勤奋、共情和科学郑重地写进"师德"的内涵之中，这是对生命的敬畏，更是对民族未来负责。

（此文于2019年10月18日发表在《湖南日报》上）

上善若水

—— 做如水的老师，育若水的学生

/ 陈郁老师 /

尊敬的领导、亲爱的老师们：

下午好！

很荣幸能有机会在这里分享我的一些小想法。

今天我想和大家分享中国古语中我最爱的一个词——上善若水。

这个词实在是很美，音美，读起来似溪水潺潺；形美，写起来如风起涟漪；意美，深思起来，人生廓然大清。

老子在《道德经》中对水有其精辟的论述：上善若水。水善利万物而不争，处众人之所恶，故几于道。这自是"上善"的标志之一。

而在日本丰臣秀吉时代有一个将军叫黑田孝高，惯于水战，出神入化，因此有"如水"的别号。黑田对水的概括，也极为精当。共分为五条：

自己活动，并能推动别人的，是水。

经常探求自己方向的，是水。

遇到障碍物时，能发挥百倍力量的，是水。

以自己的清洁洗净他人的污浊，有容清纳浊的宽大度量的，是水。

汪洋大海，能蒸发为云，变成雨、雪，或化而为雾，又或凝结成冰。但不论其变化如何，仍不失其本性的，也是水。

加上老子的论述，一共六条，是"上善"的标志，是人的修德方向，对教育更是有着重大的启示。

我们经常会思考两个问题——做什么样的教师？培养什么样的学生？最理想的境界自然是"止于至善"。何为"至善"？至善，即上善。上善若水也。或许我们的目标就是，做如水的老师，育若水的学生。

何为如水的老师？按照前边六种水的特质，如水的老师，我想，至少有如下六个特征。

第一，他拥有渊博的知识、深刻的思想、可敬的人格和自然自由的生命力。他随时向学生展示着知识的魅力、思想的高贵、人格的力量还有生命的多彩，让学生向往，从而推动他们成为这样的人。

我在读"最美的年华遇见您"征文作品时，有两段文字，让我颇有触动。

一段是写韩健老师的："她读了很多书，所以她的语文课堂从来不会没有素材可讲。上一秒还在感慨'假作真时真亦假，无为有处有还无'，下一秒便跳转到张爱玲笔下的'森冷蟹壳青'了。她还出版了自己的文集，为我们讲叙她笔下苏根生与范健仁的故事。

她将她的热情倾注在了语文教学上。她上课时嘴角一直都是上扬着的，欢快的语调中透出的是二八少女的活力。说到尽兴处，她的手便不自觉地在空中比划起来，有时还来几段即兴表演，让课堂蹦出了愉快的音符。上她的课，让不爱看书的我学着去捧起《红楼梦》细细品味，试图去倾听《荒野的呼唤》。"

一段是写颜颖老师的："人们讴歌舍己为人、舍家为班、舍子女为学生的老师，但她不同，她常和我们分享对儿子的细致陪伴，闲暇时和家人的旅行。她展现给我们的是一个有血有肉的人，告诉我们生命是绚烂多彩、魅力无穷的。"

充满着敬佩与向往的文字已经表明：两位老师已用她们的魅力推动了学生们的生命成长。

第二，他不为世俗左右，不为功利左右，不被纷繁的理念扰乱方向，他明白教育的本真是什么，他能时时提醒自己"我的道在哪里"。

第三，他是极具勇气与力量的人。或大或小的困难激起他的是翻越的勇气与力量。所以，他不害怕变化，不害怕颠覆自己，不害怕走出舒适区。在与困难的碰撞中，他不断成长、强大。

第四，他光明磊落，心地纯净。他有宽大的度量，能够包容学生的无心之过，包容学生不违背原则的个性张扬，能够理解学生成长中的问题与错误。知道犯错是人生的常态，人是在错误中成长；能够洞察到错误背后的本质原因，然后心平气和地和学生一起面对问题，解决问题。

第五，他不固执，不拘泥，他能与时俱进，他能因材施教。

孔子的学生子路问孔子"闻斯行诸？"如果听到了一件合于道义的事情，是不是就应该立刻去做？孔子回答说，你父亲和兄长还活着，怎么能够不先请教一下他们就去做呢？后来另一个学生冉有也跑过来问了一个一模一样的问题："听到了一件合乎道义的事情，是不是应该立刻去做？"孔子回答说"立刻去做"。

一模一样的问题，孔子却给出了完全不一样的答案。站在一旁的公西华很疑惑老师为什么会前后不一。孔子说，冉有性格畏缩不前，所以我要鼓励他进取；而子路好勇过人，所以我要提醒他退让些，不要太冲动。

孔子真是如水的老师，变通、变化，但不论其变化如何，仍不失其本性，那就是，一个教育者尊重你面对的每一个独特的生命个体，他深知他的教育是让每一个学生成为更好的人。

第六则是教师修养的最高境界，善利万物而不争，教育是他的职业，更是他的使命，甚至是一种本能，而不是刻意。从而能坦坦荡荡、快快乐乐、幸幸福福，看着青春跃动，只觉"华枝春满，天心月圆"。

如水的老师，现在的我尚不能及，但心向往之。

另外，"上善若水"四字，我在想，它还昭示着我们育人的方向。如果学校教育能够培养出学生"若水"的六种品德，真是教育的大幸。

他能以自我的提升，推动他人的进步，进而促进社会的发展。

他能经常自主探求生命发展的走向，不为世俗左右，不为功利綦养，成为一个独立、自由、高贵的人。

他不怕障碍，不怕坎坷，有冲出逆境的勇气。

他慈悲为怀，善良为本，永远用自己的清洁涤荡别人的风尘和污浊；他宽容大度，能宽容别人的过错，能看到别人错误背后的艰辛与酸楚，从而会对其产生悲悯。

他"毋必、毋固"，他灵活变通，他拥抱变化，但其向善的本性不会改变。

要是他能达到个人修养的最高境界，利万物而不争，处众人之所恶，那就幸甚至哉，幸甚至哉！

弱水三千，只取一瓢饮。我以上的理解可能只取了一滴还不到。

上善若水，若水之善，我还要好好领会，谢谢老子！谢谢大家！

全校一起做，让师德师风建设在校园里、讲台上。 我校教师在学校的号召下，组织了一系列有利于弘扬师德师风传统、践行师德师风要求的活动。如取得良好社会反响的老师志愿者义务辅导活动，每逢课后我们总能看到办公室内师生一堂，三五成群，共同探讨知识的奥秘。面对学习陷入困境的学生，老师们常常帮助，总是安慰；面对学习取得进步的学生，老师们常常鼓励，不忘警戒。2020年寒假期间，老师们更是在线上教学之外，单独为学生进行线上疑难知识解惑，正如教务处主任姜建远所说："整个疫情期间，微信消息上的红色提示就没消失过。但是，学生肯问，我就肯教，学生努力，我就快乐！"奉献精神在一次又一次义务辅导活动中得到升华，为我校师德师风建设增光添色！

《 义务辅导彰显师德风范 》

——湘潭县一中开展"守护教育蓝天大爱成就未来"志愿服务活动

（湘潭日报记者 胡美玲）

在湘潭县第一中学，不管是课间还是午休时间或者晚自习，教室和办公室里，到处都可以看到老师义务辅导学生的场景，成为学校一道靓丽的风景线。今年年初，学校成立"新时代文明实践志愿者总队"，下设七个大队，分别是高一教师志愿者大队、高二教师志愿者大队、高三教师志愿者大队、管理组志愿者大队、学生志愿者大队、家长志愿者大队和离退休教职工志愿者大队，并面向全体老师发布"守护教育蓝天，大爱成就未来——湘潭县一中教师志愿者行动倡议书"，倡议老师们每周抽出一小时时间为学生开展义务辅导。倡议得到了老师们的积极响应。目前，全校老师正同心同向同行，将"激扬生命，奠基人生，成就梦想"的核心理念化为自觉行动。

◆ 一份倡议牵动所有老师的心

"学生有需求，我们有服务。"县一中党委书记齐国亮介绍，在教育部门大力整治校外培训机构的背景下，面对学生需要有效的课后辅导的现实，2019 年开学伊始，学校发布了"守护教育蓝天，大爱成就未来——湘潭县一中教师志愿者行动倡议书"，倡议老师们坚决抵制违规有偿家教家养，不参加、不组织任何形式的违规办班补课活动，严格遵守"十不准""六个严禁"的各项要求。与此同时，学校还成立了"新时代文明实践志愿者中心"，志愿者们每周抽出一个小时，为学生进行课后义务辅导。

↑ 新时代文明实践志愿者总队为下设七个分队授旗

倡议发出后，马上得到了老师们的积极响应，大家纷纷在工作群里接龙报名。截至 3 月初，全校 200 多名在职教师，除因特殊原因无法参加的外，从校长到班主任到科任老师全部报名，学校教学副校长杨红率先给高三边缘生进行义务辅导，部分退休老师也主动申请加入义务辅导的行列。

随即，各年级组将报名老师的信息汇总形成一张表，上面详细列出了辅导老师姓名、年级、辅导科目、辅导时间段、辅导地点和辅导方式等信息。

3 月初，"守护教育蓝天，大爱成就未来"志愿服务活动在各年级、班级如火如荼地开展起来。报名老师纷纷以个别答疑和集中授课的方式为学生答疑解惑。"我们的辅导不另起炉灶，不增加老师和学生的负担，完全根据学生个体的实际需求展开。"负责活动实施的教务主任姜建远介绍，辅导不只是为学习有困难的学生服务，还有专门的精准培优服务。"成绩好的学生侧重于拔高，成绩差点的侧重查缺补漏，成绩中等的侧重于知识点的巩固，真正做到了让每个学生在学习上都能'吃饱'，让每个学生都能获得提高。"除了学习方面的辅导，学校还提供心理辅导以及生活上的服务，真正全方位服务学生。

◆ 从校长到普通老师全力以赴

"这个知识点今天就讲解到这里，你们俩再找时间多做点题巩固一下。"5 月 7 日，因为下雨，学校大课间不出操，英语老师秦婧赶紧到班上把两个在同一知识点上有困惑的学生叫到办公室，给他们进行详细梳理、讲解。她还经常在第八节课或者晚自习时间，组织学生默写单词，或者主动走进教室给学生答疑。

根据学校信息时间安排，老师们下午 5 时 15 分就可以下班，但化学老师彭慧却每天都要推迟一个小时下班，为的就是尽可能多地给学生答疑解惑。此外，她每周还要固定抽一节晚自习为部分学生就某个知识点进行集中授课。

像秦婧老师和彭慧老师这样挤时间为学生进行义务辅导，是所有报名参加学校"守护教育蓝天，大爱成就未来"志愿服务活动老师的日常，有的老师甚至连周末时间都贡献出来了。

学校开展这个活动倡导的是一种奉献精神、大爱精神，所以，这种义务辅导的对象不仅仅局限于老师自己所教学生，而是学校任何学生。"只要有学生到办公室来请教问题，老师们不管是不是科任老师都会热情接待，耐心讲解。"姜建远介绍。

⬆ 老师在办公室为个别学生进行义务辅导

"上次月考之后，丁老师把我叫到办公室给我详细梳理了一些知识难点，让我非常感动。"学生唐甜口中的丁老师是高一年级部教学副主任、化学老师丁益民。丁老师并不是唐甜所在班级的任课老师，但从班主任口中得知这个学生的一些情况，并从当时月考化学试卷中了解她的学习难点后，马上把她叫到办公室进行针对性的辅导。"她进步非常快，已经从最初的全校 1200 多名上升到了现在的 600 多名了。"丁老师开心地说。

在老师们积极行动起来的时候，学校校长齐学军、书记齐国亮更是率先垂范，从繁忙的工作中挤出时间为学生进行集中授课。"以前听齐校长在开学典礼上讲话就很崇拜他，现在听了他的课之后更崇拜他了。"学生李姝倩说，齐校长的课涉及的知识点不多，但围绕每个知识点，他都会举一反三，给出多种解题思路，"让我们吃得透透的，学习兴趣也更加浓厚了"。齐国亮书记负责语文学科，不时辅导学生作文。"这样的活动非常有意义，工作再忙，我也得挤出时间来辅导。"齐国亮发自肺腑地说。

◆ 学生进步家长满意是最好的回报

老师们的辛勤付出换来的是学生学习成绩的进步。

学生李姝倩因为性格内向，之前就算遇到问题也不敢轻易跟老师请教。这学期在老师的鼓励下，她终于迈出了勇敢的一步。"老师非常耐心细致地给我解答，还提供了巧妙的解题方法，这极大地激发了我的学习兴趣。"这学期，李姝倩的学习成绩节节攀升，已经进入年级前 200 名。

↑ 湘潭市电视台采访家长

↑ 湘潭市电视台采访学生

学生刘紫怡刚进校时，化学成绩经常不及格，为了改变这种状况，她经常和几个同学一起向老师请教，老师总是耐心给予解答，有时候排队的学生多，没来得及给她当场解答，老师会在下一个课间主动来找她。随着时间的推移，她积攒的疑问越来越少，学习兴趣越来越浓，学习的劲头也越来越足，化学成绩取得了长足进步。

"以前我把孩子送到培训机构补课，花费高，效果却一般般。进入县一中后，老师经常会给她开小灶补习功课，让我十分感动。"高一年级家长何思智认为，学校的辅导针对性强，效果更好，"而且孩子在学校，安全也更有保障。"何女士对县一中这种真切关爱学生的举动，以及老师们的大爱精神深表赞许和敬意。

齐国亮说，为学生义务辅导一直是学校的一个优良传统，现在只是把这个传统进一步发扬光大，让更多学生受益。"虽然我们提倡一周辅导一个小时，但我们老师给学生辅导的时间，零零总总加起来远远超过了这个数。"齐国亮不由地为老师们的奉献精神、大爱精神竖起了大拇指。"他们用实际行动践行的是真正意义上的人民教师的为师之道！"

（此文于 2019 年 5 月 15 日发表在《湘潭日报》上）

◆ **青蓝工程放光彩。**

为促进教师专业成长，学校以"青蓝工程"为平台，对年轻教师实行了以老带新、一帮一等形式的拜师学艺活动。通过一对一的言传身教，实行"师徒结对"评价法，形成师徒之间相互学习、共同进步的良性互动，建立命运共同体。青的活力，青的动力，与蓝的睿智、蓝的厚重结合，不断地激发和释放前进的动力和潜能，助推了教师队伍的成长，助力师德师风建设。正如刚入职的江老师所言："在老师身上，我学到的不仅仅是教学法与教学经验，更感受到了老师不管是在讲台上还是在课后，身上那种由内而外所散发出来的精神风貌与职业风华，这让我很感动。"

◆ **吹响金霞集结号。**

金霞集结号吹响在教师微信群中，大学招生计划、高考科目内容改革信息、极端天气提醒、校园美图等，老师们互相分享。老师们的光荣事迹，也总有同事们真诚的点赞，如高二年级曾奕臻同学感恩班主任胡勤老师的文章刊登于"金霞尚德"栏目，老师们亲切刷屏"为勤哥哥点赞！""点赞"的背后是对美好师德的认同与追寻。金霞集结号吹响在每一个科目办公室，从来没有一个人的赛课，赛课背后总是一群老师在努力，从素材选择，到情景创设，从问题设计再到环节衔接都是老师之间的群策群力，无数次修改，无数次试讲，只为一堂好课，展现一中风采。金霞集结号吹响在一中校园的每个角落，我校注重利用老师与老师之间的关系，推动师德师风建设。团结，互助，进步，老师们互相分享、互相学习，为我校发展提供了一支优秀的教师队伍，老师们坚定要成为一个好老师的信念，不断向身边的好老师学习，美美与共，都是好老师，便是好学校！

◆ **师德师风建设的灵魂还在于每一个老师的自身品德修养。**

作为老师，只有将自身的痛苦与欢乐融入时代的痛苦与欢乐之中才能成为一个时代的好老师，只有将自己的人生志向与自己的职业道德融合在一起才能成为一位人民的好老师。而我校师德师风建设中，一直在坚守、一直在努力的，就是让每个老师都成为好老师。我们相信，当每个老师都成为好老师之时，我校自会成为一个师德光光、师风蔚蔚的好学校！

奉献

/ 陈芳老师 /

尊敬的各位领导、评委，亲爱的老师们：

大家上午好！我是来自湘潭县第一中学的陈芳，今天我宣讲的题目是"奉献"。

你问我教师是什么，我说，教师是一朵云，宁静高远，让碧空更加晴朗。我还说，教师是一头牛，默默耕耘，让大地收获希望。今天，我想要借这一方舞台，和各位分享一中人奉献的故事。

我们队伍中有这样一位女性。她很纤弱，但纤弱的肩膀承载着教育强县的厚望与重托；她很和善，但和善的目光中时常透露出坚毅与果敢；她不善张扬，却用自己扎实的工作默默奉献。她，就是我们杨校长。刚任一中副校长时，有人用怀疑的眼光看她，一个女同志能行吗？面对压力，杨校长没有退缩，埋头苦干，把神圣的使命感融入一点一滴的工作中，和一中人一起在开拓进取的路上艰难跋涉……行行脚印，连接着黎明的晨曦与傍晚的彩霞；滴滴汗水，串联着正午的烈日与夜空的星辉。十几年来，杨校长始终默默奋战在教学一线，十几年来，她很少有时间为丈夫和孩子做上一顿可口的饭菜，更难得有时间回老家去陪伴她年过九旬的老母。她多想每日为老母端上一盆洗脸水擦擦她眼角盼儿的泪痕，她多想每日为老母梳上一回乱发理理她头上念儿的银丝，多想每日为老母扣上一粒纽扣做做母亲的贴心小棉袄，可她不敢想。这就是我们的杨校长，洒向工作都是爱，唯独不把爱洒向自己。

有人说，年轻就是资本，我点个赞。黄张平老师是我校最年轻的备课组长。本学期，他担任高三年级1218班的班主任及两个班的地理教师，正当全体师生都进入紧张的备考状态之时，噩耗传来，他的母亲突然离开了人世，登时，他觉得整个天都要塌了，心如刀割般的疼，恨不能立马飞回常德。可他犹豫了，班上那些因不适应高三的紧张氛围而出现不同程度焦虑情绪的学生，这是他们最需要班主任的时候，怎能离开太久呢？想到这些，黄老师咬了咬牙，仅用3天时间处理完母亲的丧事，擦干眼泪就毅然回到了他深爱的学生身边：他把丧母的悲痛化作对学生满腔的爱，用辛勤的工作来冲淡心中的悲痛！正是黄老师这种对学生、对事业的大爱彰显着一中人无私奉献的伟大师魂，也铸就了一中高考十六连冠的辉煌。

县一中的领导和老师深深懂得，要让一中立于不败之地，就要让这个集体充满活力，不断创新。我们一直在努力着。每周的集体备课是一中的必修课，也是一中人群策群力、走向成功的法宝。您瞧，外语组的老师经常三五围坐在一起切磋各种教法。您看，语文组的老师为了传达一些新的教法和理念，常常这场课听到那场课，教研活动更是如火如荼。您再瞧，理化生组的老师也不甘示弱，一下课就被学生围得水泄不通……

　　追求无止境，奋斗无穷期。我们对素质教育的探索也从未停止过追求的脚步。模拟联合国社受复旦大学社团之邀，前往上海大展一中风采；吴尚泽、项忆晴等同学的关于治理"六乱"的调查报告吸引全国80多家新闻媒体；寻念同学用高亢的声音，荣获2013年国际声乐大赛第五名；丛榆雁同学凭多才多艺，在2014年全国星姐选举中一路过关斩将，捧回全国第四名的奖杯……问花哪得艳如许，唯有绿叶衬托之。我们老师做着绿叶的事业，默默奉献，甘作陪衬，即使化作春泥也要精心呵护着每一朵花。

　　朋友，到一中来，你会发现真正的好老师不是遥不可及，而师德师风也不止是枯燥的理论和高举的旗帜，它就在每一个一中人身上，精彩就在一中团队里。

　　一中人的"德"是一种状态：是王冰老师的雷厉风行，是潘敏老师的风风火火，是彭亮老师的朝气蓬勃。

　　一中人的"德"是一种风格：是胡雨泉老师的生动幽默，是刘芳老师的儒雅从容，是谭红彪老师的豪迈洒脱。

　　一中人的"德"更是一种精神：是胡进军副校长的兢兢业业，是齐国亮书记的严肃认真，是赵罗海校长的开拓进取。

　　一个个普通的人，一件件平凡的事，一曲曲沁人心脾的乐章，将一中的天空点缀得如此灿烂辉煌！我自豪，我是教师！我骄傲，我是一中人！

　　谢谢大家！

（此文为陈芳老师在2014年全县教育系统师德师风演讲比赛中获一等奖讲稿）

三尺讲台系国运，一生秉烛炼师魂

/ 欧璐萍老师 /

尊敬的各位领导、亲爱的老师们：

　　大家好！我是欧璐萍，来自湘潭县第一中学，今天我演讲的题目是"三尺讲台系国运，一生秉烛炼师魂"。

　　成为一名教师，是我儿时的梦想，我从教育教学理论到生物专业知识，从一次次的微格教学训练到站上课堂教学的省级赛课讲台，我终于实现了手持粉笔以传道、心怀责任以解惑的初心梦想，成为湘潭县一中教师队伍中的一员。

　　而让我再一次坚定自己选择的，是我的师父——罗放粮老师。他不仅教给我教学技能、做人道理，更让我深刻领悟到了平凡中的伟大。罗老师在三十多年的教师生涯中曾多年担任班主任，有一年，班里有个孩子家庭突遭变故，那个孩子不得不选择放弃学业,是罗老师不断给予他鼓励和帮助,多方筹措他的学杂费,每月甚至拿出四分之一的工资给这个孩子当生活费,最终帮助他渡过了难关。就是这样,他把每位学生学习生活的点点滴滴系在心上;就是这样,他用爱与责任谱写了一首首无私奉献的赞歌。

试问如果老师没有理想信念,如何引导学生为中华之崛起而读书?没有道德情操,凭什么在学生中弘扬社会主义核心价值观?没有扎实学识,哪来的底气谈"传道、授业、解惑"?没有仁爱之心,有什么资格要求学生奉献社会?在一中这个大家庭里,我时刻感受着老师们的奉献与敬业,对教师这份职业的操守与仁爱有了更深刻的理解。雄鸡司晨是一中老师的起床点;倦鸟归巢是一中老师的下班时。其实,与师父一般仁爱敬业的老师不胜枚举,他们用质朴、辛劳的一生诠释着"四有"好老师。

在今年 12 月的时代楷模颁奖典礼上,全国观众的目光聚焦在了一位"奇迹校长"——张桂梅同志身上。她所带领的华坪女子高级中学在 12 年间帮助 1804 名女生考上大学,走出大山。张桂梅严以治学、脾气火爆,时常手举喇叭,督促学生珍惜光阴,但严厉的背后,是她对大山女孩的殷殷期盼和最深沉的爱。她没有财产,没有房子,没有孩子,63 岁的她却有一身的病痛,但仍每天陪伴学生晨读、上课、自习,是一千多个女生的"妈妈"。她以"我习于冷,志于成冰"的毅力、"浮于沧海,立马昆仑"的勇气、"听从己心,无问西东"的信仰,成了点亮乡村女孩人生梦想的璀璨灯火,成了践行习主席"四有"好老师的优秀榜样,成了脱贫攻坚中教育扶贫的先进典型!

三尺讲台系国运,一生秉烛炼师魂;脚踏现实的沃土,心向理想的蓝天。作为一名刚刚走上教师岗位的青年党员,我深感重任在肩,但是今天,我登上这个讲台,就是要表明我们一中老师志在成为无愧于人民的"四有"好老师的决心。同时,我相信只要我们所有同仁都能不忘初心,砥砺前行,坚定地朝自己的梦想努力,那么我国教育事业将会迎来更辉煌的明天!

我的演讲完毕,谢谢大家!

（此文为欧璐萍老师在 2020 年全县教育系统师德师风演讲比赛获一等奖讲稿）

辛勤耕耘追求卓越

/ 陈树根老师 /

尊敬的各位领导、各位老师:

今天很荣幸能有机会来与大家一起交流学习,汇报一下我从教 35 年来的教育教学工作情况。

我 1983 年毕业于湘潭师专物理科，先后在湘潭县麦子中学、湘潭县九中工作，1991 年 8 月调入湘潭县一中工作至今。曾担任物理教师、班主任、教研组长、教科室主任、教务处主任、招生办主任、总务主任、工会主席，现任湘潭县一中校长助理、校友联络办主任、奥赛培训部主任。

35 年的教学生涯，我从事过学校多个部门的工作，我干一行，爱一行，专一行。为打造和擦亮湘潭县教育质量品牌作出了一定贡献。2000 年至 2018 年，我先后被评为湘潭县学科带头人、湘潭市学科带头人、湘潭市第三批专业技术骨干人才、湘潭市第四批优秀专家、省级骨干教师、湘潭县教育工会先进个人、湘潭县十佳师德标兵、湘潭市优秀教师、湘潭市优秀教育工作者、湘潭县"五一"先锋、湘潭县劳动模范。下面我从三个方面向诸位汇报我的教育教学工作体会。

一、爱生如子，情真意切

我 1988 年至 1998 年担任过 10 年班主任工作，首先我虚心向优秀班主任老师学习，如向县九中周润沛老师、县一中易纯辉老师等学习，学习他们班级工作中"从小事抓起，细致耐心"，学习做一个有爱心的老师。1998 年，我担任高三 C154 班班主任，班上有个学生，其父母在沿海地区打工，家里无人照顾，学校就是该生的家。同年 4 月的一天下午 6 点多，该生不小心摔倒在宿舍，造成脚部严重受伤，一时动弹不得。我闻讯后第一时间赶到宿舍，将该生送到了县中医院治疗，经诊断该生脚掌受伤。当时正处高考备考关键阶段，关系到该生的学业，关系到该生命运的转折，我坚持每天到病房探望并鼓励该生振作精神，每天将各科资料带给他复习，经过 1 个多月的治疗，该生出院后参加高考，被华东师范大学录取。该生及家长非常感动，要送钱送物表示感谢，被我婉言谢绝。

我注重学生的品德培养。2006 年暑期，学校刚刚搬迁新校区不久，我仍然住老校区，学校安排我负责 10 多名学生物理奥赛选手集中培训。尽管此项培训是以专业为主，但我坚持抓学生的养成教育不放松。2006 年 8 月 10 日晚上 11 时，我查房没有发现学生宿舍异常情况后回到家中，不到 30 分钟，接到保安员电话，说有一个同学在 11：20 时爬围墙出去玩电游了，我二话没说，骑着摩托车迅速到校，与保安一道将这位学生劝回学校，并与其谈心。通过做工作，这位学生流下了悔恨的泪水。处理此事后，我回到家中，时钟已指向了凌晨 2 点多。这件事我当时并没有告诉家长，后来该生录取外交学院，毕业后家长得知此事很感激，每年该生都要回母校看望我和其他老师。

我任班主任期间，家庭经济并不宽裕，但我帮助学生并不吝惜。2003 年暑假期间，学校已放假，我带领 4 位同学在我家里培训，白天我指导他们学习，晚上打地铺，管他们吃住，学习培训 20 多天没收他们一分钱。有付出就有回报，当年他们中有 3 人获省物理奥赛金牌，实现了我校物理奥赛金牌零的突破。从此，我校物理奥赛一直居全省前列。2009 年 4 月，我任教的高二 304 班周球尚同学，其父亲不幸遇害，家庭失去了主心骨，我深入该生家里探望，在帮助该生坚定求学信心的同时，捐款 1000 元，并发动全班师生献爱心，组织为该同学捐款 1 万多元，帮他走出了困境，完成了高中学业，考上了上海同济大学。我积极配合全国道德模范赵在和老人帮助困难学生完成学业，10 多年来，我为家庭困难的学生资助计 1 万多元，组织为 45 个家庭困难的学生捐款 40 多万元，使这部分困难家庭学生走出了困境，完成了高中学业并圆了大学梦。

二、精益求精，钻研不断

俗言讲得好，"名师出高徒"，我深知要使得教育质量跃上新台阶，就要适应教育的改革与发展，自己要坚持不断地加水充电。我原本是湘潭师专物理专科毕业，为适应高中教学需求，我克服家庭困难，科学解决工作与学习矛盾，主动参加本科物理函授学习，于 1989 年获得了湖南师大物理系本科文凭，为争当名师奠定了学历基础。我以学生能"融会贯通""举一反三"为教学成功标准，不断提高教学技术水平和能力。90 年代，我主动积极参加全县教育系统"一为两过三争"的赛课活动，比赛前，我认真钻研教材，先后修改教案计 10 多次，通过参赛前的扎实准备，最终被评为县"一为两过三争"的标兵。我锲而不舍，于 2000 至 2011 年中主动在校内外上物理研究公开课 20 多节，通过学校请名师和专家对自己的课堂教学点评，使授课的水平和质量得到提升。在 2003 年至 2011 年全县开展的"杏坛之星"赛课活动中，我利用担任物理科赛课评委的契机，加大课改的力度，通过与 80 多名初、高物理赛课老师的交流、磋商，进一步加深了对《中学物理教学大纲》的理解，进一步掌握了初、高中物理教学的逻辑关连及其教学质量提升的办法。为了跟上时代发展步伐，我每年自费订阅教学报刊 10 多种，及时了解教学信息，更新教育理念。近 10 年，我有 3 篇物理教研论文在省级以上刊物发表，有 5 篇获市以上奖励。我主持的"利用网络多媒体优化中学物理课堂教学"课题获省优秀课题。2001 至 2007 年中，我连续 5 年被聘为湘潭市"3+x"高考物理命题中心组成员，2007 年被聘为湘潭市课改物理专家组成员，2011 年至 2014 年，被市教育局聘为中学物理名师工作室导师，2013 年被聘为省物理奥赛教练培训主讲讲师。

三、创新思路，与时俱进

由于我在班级管理上有一套方法，在教学业务上也取得了一些成绩，通过竞聘成功担任学校教科室主任。自 2000 年起，我走上学校行政管理岗位，不管到哪个部门，总是能团结一班人搞好工作，出色完成好各项任务。2000 年 9 月至 2008 年 9 月担任学校教科室主任、教务处主任期间，我起草了《教学规程》《评先评优晋级方案》。2009 年担任总务主任，我完善了《学校后勤管理工作制度》《学校保管工作制度》以及《学校校产登记工作制度》。担任工会主席，我主持完善了《湘潭县一中教师师德规范》等制度，推进了学校管理逐渐制度化、规范化、科学化建设，实现了制度创新。

我热心帮助和指导年青教师成长进步。2005 年，我指导李明老师参加全省青年物理教师创新大赛获一等奖第一名，李明老师代表湖南省参加全国大赛又获全国一等奖。2012年，我指导王琪老师参加市青年物理老师说课比赛获高中组一等奖。

我特别注重抓特色工作，培养学生对物理钻研的浓厚兴趣，2000年至今，我担任学校物理奥赛培训工作，管教管导，所指导的学生所获金牌人数和等第均居当年全省第五。2009年我被省物理奥赛委员会聘为特聘讲师，指导李明、李启亮、赵锦春、旷星、周义湘等五位老师带奥赛，五位老师指导学生参加物理奥赛均有多人次获省奥赛金牌，并有学生被成功保送北大、清华或自主招生加分。2014年，学校因此被省物理奥赛委员会授予物理奥赛培训基地匾牌，本人也被省物理竞赛委员会聘为物理奥赛教练培训主讲教师。

三十多年的辛勤耕耘，我送走了一批又一批的学生，培育出了一批又一批的硕果。1998年至2018年，我共送高中毕业班8届，培养奥赛选手获省赛区一等奖14人（高考可加20分或保送），省二、三等奖共82人，我所任教班级共有38人录取北大、清华。我所教的学生中，有C132张建军同学，现为中国农业大学教授，博士生导师，成为了国家"青年千人计划"引进的人才；有C132刘国林同学，北京理工大学毕业后，自主创业，在北京中关村开设了自己的公司，业务遍布美国、德国、法国、英国、澳大利亚等国家地区；有C201言金同学，清华大学毕业后，分配在军工企业，从技术员、车间主任做起，现任公司技术负责人；有C154马登科在美国的世界名校深造后留校任教；还有很多优秀学子已成为祖国建设栋梁之才。

总之，在平时的教育教学工作中我注意加强学习，与时俱进，及时调整，争做一个受学生欢迎、家长满意的好老师。

谢谢大家！

（此文为陈树根老师在2018年下学期全县师德师风建设巡回演讲时的演讲稿）

古人云，"以铜为镜，可以正衣冠"。而一中老师亦云，"以学生为镜，可以明师德、正师风"。因此，我校致力于构建师生共情平台，在"传道授业解惑"的师道传统之外，鼓励老师向学生学习，积极吸收来自学生的反馈，助推自身的进步。如我校积极开展的"金霞尚德"栏目，学生们纷纷拿起笔，记下他们最美年华中遇到的好老师，写下每一个好老师给予他们的感动。但"金霞尚德"的开创，不只是给学生一个创作以及感恩的平台，更是给老师一个接受反馈、助力自身不断成长的平台！如大多数老师看到学生笔下的自己，往往感悟到原来自己所做的一件小事，竟会令学生印象如此深刻，学生为老师的勤奋、负责、热心、幽默而感动，那这些也应该成为我们继续努力的方向。我校老师坚持从学生身上学习，做到"我陪你长大，你陪我成熟"，让学生的反馈给我们答案：我们是不是好老师？我们如何成为好老师？

《学生说》

最美的年华遇见你

/C1724 张巧晴 /

胡雨泉，字老胡，莲城花石人也。戊戌年间为二四班师，授政治。好饮酒，乐书画，授书为人皆有率性洒脱之态，其弟子称之为"逍遥游"。

胡之逍遥游，外有豪放自在之态。一撮八字小胡子，一对暗藏玄机微眯眼，再抓一件复古设计的短衫罩上，配上宽松大裤筒，走着好似还带着酒香的步伐，一顿一摇，便有了"夫列子御风而行，泠然善也"的出场。胡氏草书的功力更是了得，颇有酒后舞剑之感：一坨"毛线"是个"好"字，一堆竖杠堆个"常"字出来。但他在学生面前从不端起夫子架势，咧开嘴笑，又活脱脱成了傻呵呵的"半百顽童"，质性自然最是逍遥之时。

胡之逍遥游，内有盼弟子成才之殷切。平日里总是风趣幽默的老胡，谈起学业却从不含糊，曾曰："你们文弱书生一帮，要是不好好学习，以后在工地搬砖都搬不动哪，那个样子啊……啧啧。"他一边想象，一边闭眼摇头，好像不忍心看我们搬砖的惨状，他似乎一下子用尽了半辈子的皱纹，拧在眉毛上来表现"惨不忍睹"，嘴巴一撅，拉得老长，好像是受了刺激之后做了心脏搭桥，痛苦不堪。虽是打趣的玩笑话，他滑稽的模样使得勉励鞭策意味更浓，如此趣味横生，逍遥洒脱，又如此真切关怀着我们的良师，真是不可多得。

"若夫乘天地之正，而御六气之辩，以游无穷者，彼且恶乎待哉？"故曰：老胡外具豪放之态，内有殷切之心，实乃"逍遥游"。

女侠传

/C1706 陈晨 /

女侠者，一七〇六帮帮主王旖旎也。其人向来自信洒脱，诸君且视。

语文课上，女侠笔走龙蛇，字迹苍劲饱满，锐气顿显。她口若悬河，侃侃而谈，每至动情处其声忽高低交换，表情时悲时怒。举手投足之间，那孔夫子恪守儒礼，那李太白酒入豪肠，那陶渊明梦入桃源，那苏子瞻诵诗明月，古今英雄多少事，付诸笑谈课堂中。

诸君莫叹，此仅女侠上课之观。及下课，女侠纯真率朴。

一日大雪，吾辈课毕归家。反顾女侠朋友圈，图数张，皆为女侠戏雪图，配文"学子归家，此满园雪，便是吾一人的呢"，图中，其目光似星，笑靥如花。一如春风逗雨，亦似豆蔻新绿。吾辈私群，众人皆惊，岂真女侠乎？

诸君勿笑，即为侠，则必有侠气。吾辈年少气盛，于外曾犯事。每至此时，女侠必脚下成风，双目吐火，面色怒江，掌生利风，丹唇频开，数吾辈之过。吾辈自知羞愧，低头不语。女侠视此，威势渐退，语气平缓，列改过之法。有理有据，吾辈从之，改过自新。

吾之有幸，逢此良师。吾于班以独善自身为上本，女侠却任之以学委。初不善，乃生辞意，幸得女侠信任。吾曾颓废，幸得其良言走出阴晦。

流光易逝，与女侠相处之日，短则短矣，长则长矣，愿未来，女侠依旧率真快乐，若夏花朝灿。吾辈深知女侠及诸位师长于吾辈之爱，吾辈定惜之，于星瀚征途中，以此为盾，以笔为剑，以梦为马，奋勇而战，不负所爱，不负期望，竭尽全力，不负此生！

阳春三月木棉红

有幸见过阳春三月的街道旁，木棉花炽热绽放的场景，　　/1722班李依琳/
一团团，似烈火，绚烂非凡。只可惜湘潭种不了木棉！不过木棉一般的人倒是不少，1722班也有幸有一位。

他是我们班的数学老师，名唤春红，QQ名红哥，同学们私下里也这么叫他，亲切！红哥的名倒是挺贴合木棉的。然而，他并不似木棉一般热烈，因为红哥实在是太温柔了！相处的这一年半来，还从未见过他什么脾气，上课有同学讲话，他只是眉头微蹙，嘴向上一撇："哎～，做题！不讲话！"有题难住了全班同学，他也只打趣一二："这道题其实很简单的，没有什么难度哦！"

木棉并不只是绚烂迷人眼，木棉更多的是能暖人心。

红哥会在生病的同学试卷上留言："注意身体，加油！"会找成绩不理想的同学面批试卷，并一一为他们分析。其实红哥身体不大好，每天都得通过大量锻炼来维持体内系统平衡，但为了辅导我们晚自习，他毫不犹豫地把运动时间压缩了。红哥前些天右手手肘受伤了，贴了大块膏药，但他硬是用右手写了四节课的板书。红哥啊，真是为他的两个班付出了不少。

所以，在我的眼里，永远和蔼的温柔的微笑的红哥，就似木棉一般，绚烂绽放在三尺讲台上，安抚了每颗被数学折磨的心！

真的，有红哥在的每一天，天天都是阳春三月。

《2003年湖南省文科状元黄芳给老师的一封信》

母校敬爱的老师们：

　　你们好！

　　早在高考之前，每当我想象自己念大学的情景时，就总会告诉自己，到时候一定要给母校老师们写信，感谢老师们为我所做的一切。前段时间在完成从高中到大学的过渡，没能写成，现在终于可以付诸实践啦！

　　在湘潭县一中，我度过了最重要而难忘的三年。我庆幸自己明智地选择了它，庆幸自己遇到了这么多可亲可敬的好老师。毫无疑问，我的每一次进步很大程度上都是各位领导和老师的功劳。我从心底里感激这里的每一位老师，你们对我的教导不我培，给我的鼓励与关怀，为我创造的极好的学习环境，终于将我送入了北京大学的校门。有人说，老师是大树的根，学生是繁茂的枝叶，不断从根的体系中汲取养份，从而得到生长。我正是在这样的根中获得了丰富的知识和巨大的精神动力。一中的老师们都有着优秀的教学水平和兢兢业业的工作态度，以及投洒在学生身上的工作热情，我所认识的老师来许多不认识的老师，都直接或间接地给予了我极大的支持与帮助。彭校长、马校长、刘书记等校领导多次询问我的学习情况，并尽可能地为我提供了良好的学习条件，陈波亮老师多次鼓励我，给我制定目标；我的任课老师们更是兼任了我的"良师"和"益友"。所有的这些关注，都让我有了一种使命感，成为我精神上的动力，于是会加倍地努力，希望以优异的成绩来鉴证老师们辛勤的付出：这种使命感一直伴我走过高三，走过高考，走入北大。

　　如果要我第一时间说出一中老师们的两大特点，我一定会一下子想到这样两个词。

　　第一大特点：敬业。刘雪辉老师会不顾自己虚弱的身体而早起晚睡地处理

1.

北京大学
PEKING UNIVERSITY

班级工作，并为一个生病的学生而跑遍各个医院；齐学军老师会将你问他的一道题目随身带着，一有空就拿出来研究研究，然后在楼梯口叫住你，在地面上比划着告诉你解法；刘艳梅老师会很仔细地考虑你对一道题的不同看法，然后跑来教室认真地向你阐述她的结论；刘祖根老师会整晚地守在教室里准备随时回答同学们的提问，即使大家已暂无疑问；林朝晖老师会不顾自己需要"充粮"的肚子而笑眯眯地给大家解释一个词的意义；姜喜云老师会为一个有争议的词而和仓组的英语老师反复讨论后再给学生明确的答复……

第二大特点：亲切。齐学军老师会在他批改的试卷上写下许多鼓励或建议的话语；刘雪辉老师会关心到我们衣食住行的各个方面，甚至亲自做饭给我们吃；马校长会乐呵呵地来我们讨论最近有什么事情这么高兴；刘艳梅老师会一本正经神态自若地说出一个笑破大家肚皮的笑话；王业秋老师会和我们推心置腹地交流沟通……

有了这么多的好老师，我便在一种轻松愉快的气氛中度过了高中。即便在高三，我也不觉得多苦多累，仍是每天心情愉快，高三留给我的印象都是些很快乐的画面，以至于常常想要回到母校重新体味一次高三生活。记得有两次我遇到挫折时，许多老师担心我情绪受影响，都找我谈话。当我看到老师们对我的信心丝毫不减时，我一下子就没了挫折感，反觉得信心倍增，会努力争取重新站起来，让老师们欣慰。现在想来，那种鼓励真的让我受益匪浅。我想，如果不是在县一中，如果不是有这些老师，我不会有这番成绩；但我相信，即使不是我，你们也总会培养出同样的学生！衷心地感谢你们！！

现在，我在北大已有两个半月了，渐渐了解了这里的环境以及学习和生活方式。

2.

北京大学
PEKING UNIVERSITY

大学与高中确实截然不同，尤其是在北大这种崇尚自由的校园里，个人空间非常大，需要高度的自觉性。而且北大人才济济，竞争激烈，自己不努力便会落在队伍的后面。所以我会努力的，会尽量做好应该做的每一件事，请老师们放心。另外，我也参加了几个社团，丰富课余生活，锻炼自己各方面的能力。其中还有个"湖湘文化研究协会"呢，全是北大的湖南老乡，每次开会都格外亲切，大家相处得十分融洽，在一起交流，可以从师兄师姐们那里获得不少建议。北大的文化氛围确实浓厚，常有各界名人来校演讲、讨论等等，尤其是有藏书极丰富的图书馆，可以提供各种资料和知识，希望母校能连创佳绩，将更多的学生送入燕园来，让我们的队伍不断壮大。

　　放寒假后，我一定要回来看望各位老师。最后，再次向你们表示衷心的感谢，祝愿老师们工作顺利，身体健康！

　　此致

敬礼

学生：黄芳
2003.11.17.

3.

生德培养

育人先育心。良好的道德品质是一个人的灵魂，也是一个民族的灵魂。随着社会的不断发展和进步，德育的好坏，关系着学生未来的发展，加强德育，对学生未来的发展有着不可或缺的重要性。我校紧扣"卓实教育"主张，提出了"培养身心健康、人格健全、品学兼优、有责任担当、家国情怀和国际视野的现代公民"的育人目标，大力开发德育资源，为一中学子构筑坚实的精神堡垒。因此，学校在主题教育、社会实践、书香校园、歌手大赛、英语风采大赛、经典诵读等校园文化建设方面形成了自己的特色，定期举办艺术节、体育节、社团节等品牌活动，在各级艺、体、美、科技创新竞赛中频频获奖，让每个学生都有发光的舞台。

《用思政培根铸魂　以卓实立德树人》

（陈郁　陈芳　胡雨泉　赵群龙　张致诚）

"思想政治理论课是落实立德树人根本任务的关键课程。"2019年3月召开的学校思想政治理论课教师座谈会深刻阐明了学校思政课的重要意义。"党和国家高度重视学校思政课，今后只能加强不能削弱，而且必须提高水平。"

近年来，湖南省湘潭县第一中学紧紧围绕立德树人的根本任务，打造特色思政教育，创塑卓实教育模式，用高质量育人的生动实践回答了"培养什么人、怎样培养人、为谁培养人"的深刻时代命题。

正本清源，特色思政为孩子培根铸魂

人才之成出于学。青少年阶段是人生的"拔节孕穗期"，更需要精心引导和栽培。湘潭县第一中学高质量的思政工作则为立德树人、培根铸魂这一重要任务"保驾护航"。

学校校长、书记亲自走上"思政施教"一线，引领全体教师主动涵养师德师风，教会学生扣好人生第一粒扣子。

同时，学校成立了教师志愿者大队，向全体教师发布"守护教育蓝天，大爱成就未来"倡议书，号召全体教师们每周抽出一小时为学生开展义务辅导。学校还开展了师德师风专题教育，将"勤奋""共情""科学"写进师德的内涵，在教师中产生了强烈的共鸣。

如何将思政教育贯穿到教育教学的全过程？湘潭县第一中学给出的答案是："课堂渗透"和"课外熏陶"。

学校以课堂为主渠道进行全面德育，以思政课教师为主力军，形成了全员、全程、全课程育人新格局。在学科教学中全面融入社会主义核心价值观教育，融知识性、趣味性与思想性于一体，直面重大理论和社会现实问题，用心解读党和国家重大方针政策及国内外重大事件，有效提升了思政教育的内涵和质量。

"校园之声广播""国旗下讲话""校园艺术节""主题班会课"……学校整合资源、聚合要素，营造了全天候思政育人的良好氛围，让学生的灵魂和心灵得到了洗涤。

守正创新，卓实教育让学生立德树人

"怎样才能把'立德树人'落到实处？"校长齐学军有着深刻的思考和独特的见解，"我们坚守为党育人初心、为国育才使命，推行全新的'卓实'教育理念，把'卓尔不凡、追求卓越'和'品德忠纯、务实求实'作为师生队伍建设和人才培养的目标，从三大层面培育高品质时代新人。"

教师是卓实教育的源头活水。学校确立了勤奋、共情、科学的师德规范，倡导全体教师成为有理想信念、有道德情操、有扎实学识、有仁爱之心、有勤奋态度、有共情能力、有科学方法的好教师，让学校成为爱心交织的家园。学校推动教师向下沉潜、向上生长，用深厚的学科功底和精湛的育人艺术引导学生树立远大志向。

触动心灵的教育才是更成功的教育。学校提出了"培养身心健康、人格健全、品学兼优、有责任担当、家国情怀和国际视野的现代公民"育人目标，夯实全方位德育理念，提高德育实效，在学生内心构筑起了坚实的精神堡垒。

卓实教育归根结底是要培育卓越人才。学校深入探索理论研究、科技创新、社会人文、国防军事"四类卓越"人才培养模式，契合了培育学生个性与思维特点和国家未来人才的需求。

积厚成势，同向发力绘育人满意答卷

在特色思政和全新卓实教育理念的完美结合下，湘潭县第一中学教育教学事业的

内在生机和动力被充分点燃，推动学校育人工作取得了丰硕成果。

罗迪、吴尚泽等学生的《从整治"六乱"看湘潭市文明建设》社会调查报告得到了市主要领导的亲笔回信，引发媒体和社会热议。全国"最美中学生"伍贝子、廖晋瑜，"新时代湖南好少年"李广庆、朱典……一个个先进典型展现了学生强烈的担当意识和深厚的家国情怀。

追求卓越理念已经深深刻在师生心中，学校学科奥赛获得省一等奖的人数逐年攀升，2019 年，生物奥赛有 5 个学生获省一等奖。近 3 年来，学生获科技创新大赛国家级别奖 15 个、省级 17 个。学校先后获评湖南省青少年科技活动示范学校、国家级别校园足球特色校、全国青少年校园篮球特色学校等荣誉称号。

思政教育铸品牌，卓实教育结硕果。目前，湘潭县第一中学的发展已进入了快车道，教育教学质量逐年提高，取得了令人瞩目的成绩，为社会交上了一份满意的答卷。

（此文于 2020 年 1 月 10 日发表在《中国教育报》上）

〈 创建全国文明校园 〉

文明，是给学生最好的财富。雄伟壮观的湘潭县第一中学，在灵动的湘江水、苍翠的金霞山映衬下，舒展着卓尔不凡、精益求精的精神风尚，醉心于向上向善、求知求真的育人工程，坚持着与时俱进、文明校园的路径选择，描绘出一曲曲人文荟萃、人杰地灵的时代篇章，锻造了莘莘学子孜孜以求、幸福成长的精神家园。

2017 年，学校获评"湘潭市文明校园"；2018 年，学校获评"湖南省文明标兵校园"，2020 年，学校获评"全国文明校园"。可以毫不夸张地说，在我们一中校园里，师生们举手投足间塑造的文明标尺，已经成了校园内悠扬的主旋律。我们因文明而迈进了"全国知名"的行列。

↑ "全国文明校园"奖牌

↑ 创建全国文明校园启动仪式

↑ 时任湖南省委书记杜家毫为湘潭县一中颁发"湖南省二〇一八年文明标兵校园"奖牌

科技创新

　　科学技术是第一生产力，学校坚定推动科学技术课程的开展，坚持为所有爱科学创新的孩子搭建平台，坚信科技之光能够照亮孩子们的成才之路。科技创新也关乎民族未来，学校从机器人比赛取得好名次到航模大赛获得佳绩，收获的是成功的喜悦，但点亮的是未来的灯塔，是民族的光焰。

　　2017年以来，我校学生获国家级奖励15个，省级奖励5个，市级奖励12个。值得一提的是，胡泽雄和贺汝成的作品在2017年国际奥林匹克青少年智能机器人竞赛中国赛区选拔赛"机器人场地定向任务赛"中获一等奖，"多功能食品原材料成型机械"获国家级一等奖；2019年4月，何文

芝老师辅导的学生赵骏宇、朱钰祺和吴雨恬同学在第四十届湖南省青少年科技创新大赛中获得银奖；同年，何文芝老师辅导的学生杨永健、罗钰、刘品锃同学在湘潭市第九届青少年机器人大赛创意机器人项目中获金奖；2019年5月，何文芝老师辅导的学生杨永健、罗钰、刘品锃同学在湖南省第12届湖南省青少年机器人大赛中创意机器人项目获三等奖。我校被评为2016—2020年"湖南省青少年科技活动示范学校"。

校园艺术节

校园艺术节在每年的十一月份举行，既是学校对艺术的一次大检阅，也是展示我们师生艺术才华的一扇窗口。音乐、舞蹈、绘画、书法、相声、小品等，艺术节可谓是激发学生培养各项才能的催化剂，也是培养学生集体主义精神的大本营，已经成为学校思想政治教育和提高学生综合能力的重要阵地。作为校园文化建设中浓墨重彩的一笔，它是我校素质教育一道亮丽的风景线。

金霞讲堂

为拓宽师生视野，提升人文及自然科学素养，为学生职业生涯规划提供指导，奠定学生知识之基、理想之基、人格之基，我校会不定期邀请中科院院士、知名大学教授以及各行业的优秀人物来我校讲学。

1996 届高 146 班校友周湘虎

周湘虎分享了他不懈追求的航天梦想和披荆斩棘的军旅生活。"能够把自己的青春热血献给航天事业，我从心底里感到自豪与无悔"，周湘虎校友用其最质朴又最深情的话语让在场的学弟学妹们真切地体会到什么是家国情怀，什么是将个人梦想融入伟大的中国梦之中。

高 139 班校友胡俊军

　　北京优秀校友胡俊军做题为"奋斗永远在路上"的讲座，在讲座中，他分享了自己真实的生活、学习、工作经历，风趣幽默，又不失文采和深刻。喷泉之所以非常美丽，是因为有压力；瀑布之所以非常壮观，是因为没有退路；滴水之所以能够穿石，是因为永远都在坚持！这是胡俊军校友临别赠送给学生的话，也是学校对学生们的殷切期望！

2011 届 337 班校友方芳

　　博森美公司董事长，"焕我生活"品牌创始人方芳回到母校，与母校师生分享了她的创业经验与逐梦路上的感悟。她用其逆袭成学霸的经历鼓舞着会场中的每一个听众。她告诉学弟学妹们读书是迈向成功人生路的基础，读书可以改变我们的思维方式，改变我们的品质品格，改变我们的人生方向。演讲中，方芳校友还和同学们谈了"梦想"。她告诉学弟学妹们一定要去相信你的未来和别人不一样，要尽可能地打开自己的思维认知、了解这个世界更多的信息，要主动去寻找自己学习的标杆，把别人的优点转化到自己身上。当然她也不忘提醒同学们任何梦想都是由一个一个小梦想筑成的，要谨记"千里之行，始于足下"。

中科院强耦合量子材料重点实验室主任陈仙辉院士

　　陈仙辉教授带领创新班和海航班学生走入了神奇的超导世界，为孩子们开启了科学之门。通过一些奇特的物理现象和一系列与科学家有关的生动故事，陈教授告诉孩子们什么是超导，超导在生活中是如何广泛应用的。同时陈教授还通过一个又一个鲜活的事例、一个又一个生动的实验，告诉孩子们科学其实离我们并不遥远，告诉孩子们什么是信心，什么是梦想，什么是坚持，什么是团队合作，激发了孩子们对物理、对科学浓厚的兴趣。

首届高中班校友、中国人民解放军飞行英模余桂林校友

讲座中，余老先生给海航班学员讲述了我国军用飞机的发展史、飞行员测试要求、飞行员的成长过程，分享了自己飞行生涯中的一些惊险而又机智的秘闻趣事。他用丰富的航天经历为海航学子科普了很多航天知识，拓宽了孩子们的视野。讲座中，余老谆谆叮嘱孩子们，要笃定不移、好好学习，要善于思考、不断总结，还要坚持锻炼、拥有强健体魄与强大的内心。前辈的经历与嘱托让海航学子们更加坚定自己的蓝天梦想，更笃定地前行。

中国人民大学国际关系学教授、中美问题专家宋伟教授

宋伟教授做客"金霞讲堂"，为高三年级部分学生带来了一场精彩的讲座——"中美贸易摩擦的五重逻辑"。宋伟教授从中美关系讲到中美贸易战的发生，并重点对美国挑起中美贸易摩擦的五重逻辑进行了深刻的剖析。关于中国将如何应对，宋教授说，只有苦练内功，将自己该做的事情做好，把我们的社会建设成为具有创新力、幸福繁荣的社会，一切问题才能迎刃而解，这给同学们极大的启迪与鼓舞。

高146班校友、武汉大学水利水电学院副院长刘攀教授

中国科学院青年创新促进会武汉分会一大批青年科学家与我校学子近距离交流，为同学们带来了一场科学盛宴。

刘攀教授给同学们带来了题为"水利资源的开发与利用"的讲座，刘教授介绍了水的基本常识、中国的水资源与水问题，并重点向同学们介绍了我国的水利工程的建设与效益。

中国科学院测量与地球物理研究所副研究员武凛教授

武凛教授的报告题为"地球重力场的精密测量与应用"。武教授向我们展示了现代化今天是如何精密测量地球重力场的，并深入浅出地介绍了地球重力场的精密测量是如何应用到北斗卫星导航、地下矿藏勘探、地震灾害监测、两极冰川融化、全球海平面变化甚至国家安全等多个领域的。上千人的会场非常安静，不时发出惊叹或是"原来如此"的感慨。

2001 届校友、中国科学院武汉物理与数学研究所副研究员周林

周林副研究员的报告则带领同学们了解了地球重力场在微观世界的存在——"原子的比萨斜塔实验"。周林副研究员用动画形式，非常直观地向同学们展示了原子比萨斜塔实验的原理与过程。在他的报告里，我们更感受到了一个科研工作者专注于实验，一做就是十多年的坚持与热爱。

❬ 书香校园 ❭

这是一座能潜心阅读、静心悦读的校园；这是一座能聆听书语、沐浴书香的校园。在经典丛中，我们吟诵诗歌，感发心灵；我们阅读美文，滋养精神；我们交流感动，积聚能量。学校致力于涵养书香校园，培育雅致学生，定期开展经典诵读、征文比赛、读书分享等活动，长连古今，横括中外，塑造学生如玉品格，培养学生咏絮才华。

↑ 1620 班在经典诵读活动中集体朗诵《声声慢》

书香校园，幸福人生

／韩健老师

老师们：

自从齐校长回到一中，学校什么地方的变化最大？

食堂！人头攒动，摩肩接踵。热气腾腾，热闹非凡。

有人说，看一个城市的文明程度，要看他们的公共厕所。我想，要看一所学校的文明程度，则要看食堂。食堂的变化，体现的是人文关怀。

还有一个问题：自从齐校长回到一中，学校什么人的变化最大？

女老师！校长的颜值和气度，他学习普通话的神速进步，还有食堂伙食的改善，使女老师的面貌发生了很大的改变：欣欣然有喜色而相告曰"齐校长真好！松泛多了！"又眉尖微蹙满足地说"哎呀，我都吃胖了又要减肥啦！"

有人说，看一个民族的素质水平，要看他们对待女性的态度。我想，要看一所学校的素质水平，则要看女性的感受。女性感受的变化，体现了情感关怀。

人文就是人心，人心就是情感。齐校长"打造书香校园"的构想，正是一个充满人文关怀的教育理想。

北大钱理群教授说过，好的教育就是爱读书的校长带着一群爱读书的老师，领着一群孩子去读各式各样的书。

为什么要倡导读书？为什么要营造书香校园的大环境？

因为，阅读就是文明的播种。总有一天，我们在不经意的时间、不经意的地点，会感受到、会看到阅读对命运、对整个社会的改变。

教师节的时候，很多同事都在晒幸福。比如1524班写给宋思伟老师的诗：

感谢您温柔的双眼／注视了我们两年／感谢您清泉般的声音／时时流淌在我们心田／如果我们有幸登上高山之巅／一定不会忘记的／是您和善的容颜／如果我们处江湖之远／也会活得堂堂正正／一如您一横一竖一撇一捺／认真而有尊严……

没有长期的阅读，没有坚持阅读的引导，怎么能写出这样自然流淌成诗的文字呢？

有个学生这样写给我："亲爱的韩老师，我是417班的彭贤强。很怀念您的语文课。那时候，您常常号召我们多读书。那时我没有时间读，只为应付作文背几个例子。现在没有语文课，我正在读当年那些例子中的人物写的或者写他们的书。比如史铁生，我们常常在作文中用，我现在正在读他的《病隙碎笔》，很有感触。感谢您！"

爱阅读的学生是懂得感恩的，爱读书的老师，内心是温柔的。如果教育只剩下考试和分数，师生的心灵被分数占据，何处安放情感呢？读书可以使我们富有思想和情感，成为精神的贵族；读书，可以使学生的思想道德、人文情怀、个性和创造力都得到提升。

"一个人遇到好老师是人生的幸运，一个学校拥有好老师是学校的光荣，一个民族源源不断涌现出一批又一批好老师则是民族的希望。"这是习主席说的，老师们欢欣鼓舞地转发过。习主席强调了"好老师"，真正的好老师应该是有思想、有情怀、有趣味的，而不是憔悴、唠叨、悲壮或者苦情的。

作为教师，责任重大，英国诗人乔叟说过，勤于学习的人才会乐于施教。苏霍姆林斯基也说过："对一个老师来说，最大的危险就是自己在智力上的空虚，没有精神财富的储备。"有喜爱阅读的老师，才有喜爱阅读的学生；有视野开阔的老师，才会有视野开阔的学生。塑造学生灵魂的，必定自己的灵魂高贵鲜活；塑造民族未来，必定要有思想。热爱阅读吧，让自己成长为新时代的好老师！

阅读的榜样，好老师的榜样，就在我们身边。比如杨校长、胡亚军、王冰，腹有诗书气自华；比如齐书记、胡校长、章景明，拥有魏晋风度；比如刘异奇刘主席、陈洪亮、赵彩霞，文采风流；还有陈郁等一批年轻人，已有了学者型老师的雏形。

比如曹莉老师。读书教书，是她生活的全部。她对文学文化怀着虔诚的敬意，对工作和学生有着无比的温柔。读书使她拥有知性美，学识成为她最好的化妆品；课堂是她大放异彩的舞台。尽管由于政策的原因她至今未能评上高级，可阅读使她永远那样淡然，对此恬然自持殊不介意。渊博的学识、优雅的风度使她成为学生心中特别的女神。

比如政治老师胡雨泉。他是一道独特的风景，深受学生的崇拜。虽然他的方言比普通话更好，但是他的课堂，却有着无穷魅力。他从不讨好学生，有时唾沫与白眼齐飞；但是，每一堂课，知识与智慧共生。深入浅出，谈笑风生。幽默的语言、深邃的思想从哪里来？从阅读中来。他的书柜里面满满的是经典精品。我可以不夸张地说，不少语文老师都比不上他的文化底蕴深厚。

可能有人会说，我是理科，写什么咯，写得出吗？齐学军校长就是数学老师。2003年他教出了省状元黄芳，他做的高考题模拟题钉成厚厚的一本，2009年我借来那份珍贵的资料给学生借鉴，可惜不知所踪了。齐校长那天问大家，每年在公开发行的刊物上发表十篇或以上的文章的有没有？当时，全场沉默。不博览群书不学习思考，怎么会产生睿智的文字？

还有，很多老师认识的，现在江声中学的副校长、体育老师何立军，一位女性，坚持学习，坚持阅读，出版过教育专著，每年都要在国家级刊物上发表高质量的论文。

再讲一个很普通很普通的人——刘芳。他是一个真正纯粹的人。他的生活非常简单，四件事：一是上课看作业批改作文，一是读"四书五经"以及《曾国藩》，一是与雨泉、景明、卫江等三五好友谈天，再就是为老婆做饭。居陋室饭疏食骑摩托而不改其乐，严谨厚道，被语文组后辈尊为"师公"。他对中国古代经典有着独到的理解，对民族文化有近乎固执的坚守。曾经有个人利用同学关系极力蛊惑他入基督教，并寄来《圣经》。刘芳老师没有生硬拒绝，而是认认真真读完了《圣经》，写下一万多字的读书笔记回复。从此那人再也不来动员了。在两种文化思想的交锋中，他以深入的阅读和冷静的思考占据了上风。

我们的校园除了花草香，书香已经在酝酿。尤其是年轻人，学历越来越高，见识越来越广。那就趁着年轻再多读一些吧，少而好学如日出之阳。读书使你拥有优雅的气质风度，使你成为最受欢迎的老师，也能收获事业的果实，或许同时也会收获幸福的爱情！

好莱坞电影《血战钢锯岭》中那个战地救护员有句台词："这个世界被打碎了，我就要一点一点地把它拼凑起来。"我喜欢这句话。

我希望，校园里文化气息更浓一点，少一点"高三不搏，人生白活"的冷酷，多一点"赤橙黄绿青蓝紫，谁持彩练当空舞"的奔放；少一点"今天你不为自己的梦想努力，明天你就为别人的梦想打工"的功利，多一点"世事洞明皆学问，人情练达即文章"的开明；少一点数据分析的冷漠，多一点人文关怀的温情。

我希望，校园的书香更浓郁一点，让我们的老师成为不但受学生欢迎也受家长欢迎更受社会尊重的人！让这所东边是山、北面有河、里面有小桥流水也有恢宏建筑的美丽学校成为一个人人向往的桃花源！

尼采说：每一个不曾起舞的日子，都是对生命的辜负。

精力有限，书籍很多；生也有涯，知也无涯。让我们在这里，从现在，且行且珍惜！

（在"书香校园"系列活动启动仪式上的演讲）

孩子，你为什么不读书？

/ 曹莉老师 /

各位同学：

大家早上好！

明天 4 月 23 日是世界读书日，因此我这次国旗下讲话的题目叫"孩子，你为什么不读书？"

听到这个题目，我相信有很多同学会不屑一顾，什么啊，我天天在读书，早也读，晚也读，为考大学我是读得形容枯槁，目光呆滞，凭什么说我没读书？

很不好意思，我今天讲的是你为什么不读课外书？如果仅仅是停留于读教材的话，不在我今天探讨的范围之内。

有这么一个现象，有些学生在小学甚至初中聪明伶俐，勤奋好学，而到了高中却变得智力下降，不爱学习了。这是为什么呢？这个现象的背后其中一个非常重要的原因就是课外阅读的缺失。那些除了教科书什么书也不读的学生，因为思考能力、理解能力比较低，在课堂上掌握的知识非常肤浅，因而在老师布置的作业上要花大量时间，同时又由于作业负担过重，他们更没有时间阅读文学、科学书刊，这样便形成了一种恶性循环。在小学甚至初中，仅仅依靠聪明是可以取得好成绩的，但如果没有阅读垫底，越往上越到高中大学越会显得力不从心。缺乏大量阅读的人，由于他们只储备了很少的智力能源，越长大，他们的综合素质就会越来越平庸，如果不改变，这方面的艰难和困惑可能会伴随他的一生。相反，那些热爱阅读的孩子，因为大量的课外阅读，能给他们带来智力和学习上的飞跃，带来思维的深度与广度，带来生命的早慧与成长的轻松。

　　在我们高中，还有一种现象叫"偏科"，有一些人偏爱数理化，对语文等人文科目不感兴趣。他们很少阅读，但数理化成绩特别好，并以此为骄傲，认为这是他们聪明的明证。但是不少这样的学生，他们的好成绩只是一种假象，只能够说明你学课本的水平很高，并不意味着你真正有很高的思维水平，文化水平。而且，就算你考上了重点大学，语文底蕴的缺失一定会影响你的专业学习，因为你的思维宽度与广度比起那些博览群书的人总是有很大的局限性。

　　同时，更为可怕的是，功利性十足的读书目标，让人在竞争的压力下一路飞奔，在这个过程中人文素养的缺失很容易造成一些高学历人才的精神偏陋或心理失常。从1995年清华大学、1997年北京大学两起铊盐投毒事件，再到2007年中国矿业大学铊盐投毒案，再到2013年的复旦大学黄洋铊中毒案，那一颗颗漠视生命的心，一颗颗扭曲的心，震惊社会！

　　当然也有偏科偏语文的，语文学得好，作文写得漂亮，而数理化成绩却很糟糕。比如少年成名的作家韩寒。阅读当然不能强大到解决所有问题。有一点可以肯定，一个学生数理化成绩差并不是阅读造成的。这样的孩子，非常幸运的是他们喜欢阅读，所以幸好韩寒喜欢读书，如果不读书，他将一事无成。

　　我的话讲到这，也一定还有一部分同学表示不认同，老师，你说要看课外书啊，太好了，我看得太多了，我下课看，上课也看，我白天看，晚上还在看，我潜伏起来躲在被子里看电子书！

　　可是，这些同学中的大部分在看一些什么样的课外书呢？有恐怖小说、有漫画书，有言情小说、玄幻小说等。这些书当然肯定是可以看的，问题是这些书属于消遣休闲之类的书籍。在你人生最宝贵的青春岁月沉迷于这一类书籍，满足于这种消遣的浅阅读，你将因为缺乏必要的深度阅读而丧失思辨力、分析力，甚至于荒废了学业，值得吗？比方说漫画。其实，漫画不是书，它只是以书的形式出现的电视。台湾学者李敖甚至偏激地说过，电视是批量生产傻瓜的机器。再比如言情小说，水平参差不齐，这些书当中有太多的色情描写，同学们，言情与色情之间只有一步之遥；在今天这个社会，早就不是什么开卷有益了，有些粗制滥造的图书只能是文化的毒奶粉，你一点点吸收，短时间内没什么，但它会在你体内积存发酵，最后你就变成了精神上的大头娃娃！

　　所以，读什么其实比读不读更重要。

　　今天，我就根据个人的阅读经验向大家推荐几本适合高中生看的书，以当代新书为主，其他的经典书籍我就不啰唆了。先声明，这些书因为每个人的视角不同，价值观不同，难免挂一漏万，因此，仅仅是一家之言。

　　1. 余秋雨的《寻觅中华》。

　　2. 鲍鹏山的《风流去》或者《寂寞圣哲》。

历史的尘埃渐渐远去，在余秋雨和鲍鹏山这两位学者的笔下，古圣先哲却踏着岁月的浮波翩跹起舞。品之味之，悲之乐之，此乃人生之幸。

3. 史铁生的《我与地坛》。其中的《我与地坛》是当代青年不可不读的关于生命自我救赎的经典。

4. 柴静的新书《看见》。用我们同学的读书笔记中的一句话来说就是："感谢《看见》，让我看见。"

5. 2012年还有一本让人潸然泪下的书，就是作家野夫的《乡关何处》。读这本书，我相信总会有一份感动，凌波越水而来，叩响你心的弦索。

6. 2012年还有值得我们一读的书，《给理想一点时间》系列书。它是2012年网络论坛博文的精选，内容丰富，思维新锐，风格犀利，充满野性。如果你对时政类文章感兴趣，可以再看一看《不曾苟且》。

7. 龙应台的散文集《目送》和演讲录《百年思索》。她的《孩子，你慢慢来》《亲爱的安德烈》《野火集》《大江大海，1949》等，这些书都值得我们去阅读。

8. 周国平《妞妞：一个父亲的札记》，这本书同样给我们以深刻的人生启迪。他的《守望的距离》《各自的朝圣路》《人与永恒》也都很精彩，你如果喜欢的话都可以找来看看。

9. 高铭的《天才在左，疯子在右》，国内第一本最有人文精神的精神病人访谈手记，它绝对可以颠覆你的世界观，而且它满足了部分同学的重口味阅读。

10. 余华的小说《活着》，这也是一本你不能错过的当代经典小说，一部融合了各种苦难的人生血泪史。

还有，如果对小说特别感兴趣的还可以读姜戎的《狼图腾》、路遥的《平凡的世界》、金庸的《天龙八部》以及《笑傲江湖》；外国小说建议先读一读《简·爱》《麦田里的守望者》《追风筝的人》；对历史感兴趣的同学，建议一定要读黄仁宇的《万历十五年》，它比一般历史教科书有趣，更接近小说，但又比《明朝那些事》更权威，你如果感觉好再读黄仁宇的《中国大历史》；对美学感兴趣的同学，当然是读李泽厚的《美的历程》或者宗白华的《美学散步》；对哲学感兴趣的同学当然不能错过《苏菲的世界》，如果你觉得《苏菲的世界》还是有点枯燥的话，好吧，你就去读北京大学哲学博士文聘元的《西方哲学的故事》吧，保准你读得轻松好玩，又涨知识，不过因为此人是金庸迷，你如果看这本书，建议你先看一看金庸的书。

我的演讲快接近尾声了，我想同学们一定会说，我们每天要学那么多课堂知识，要做那么多作业，学习压力这么大，哪里有时间看课外书呢？那么，就让我用高晓松的一句话来回答吧："那些声称被应试教育毁了的人不应试也会自毁；那些抱怨婚姻磨灭了理想的人，不结婚也成不了居里夫人。"易中天先生曾言："读书分为谋生和谋心两种：谋生的读书是从小学一直读到大学，为的是找个工作，这不是真正的读书；

而谋心的读书则是为了心灵的寄托和安慰，这才是真正的读书。"同学们，教育的终极目标是培养我们的价值判断力，在这个纷繁年代，我们需要通过一本本好书，穿过世相迷雾，直抵心灵，倾听内心的声音。一个不重视阅读的人是蒙昧的，一个不重视阅读的学校是肤浅的，一个不重视阅读的民族是没有未来的。因此，我希望同学们能够妥善处理好课内与课外的关系，充分利用课余休息时间、寒假暑假，与大师对话，去体会"万人丛中一握手，使我衣袖三年香"的喜悦；与文字结缘，去感悟"沧海月明珠有泪，蓝田日暖玉生烟"的心灵况味；与经典同行，去培养"脚踏现实的沃土，心向理想的蓝天"的精神风貌。

最后，我呼吁，让我们全体同学

从明天起，做个幸福的人——买书、读书

从明天起，关心自我和成长

我有一本好书，面朝大海，春暖花开。

谢谢大家。

养浩然之气，做博学之人

/ 赵群龙老师 /

老师们、同学们：

早上好！

今天我很有幸，在新学年的第一个升旗仪式上，在我教师生涯的又一个新岗位上，跟大家一起交流。我讲话的题目是"养浩然之气，做博学之人"。

同学们，两年前、一年前、一星期前，当你们迈进一中，你的一只脚已经迈入了名牌大学的门槛。全体市民都如此说！的确，全市只有10%左右的初中生能像你们一样站在这所"全国百强校""三湘名校"的广场上，单就这一点足可以证明你曾经是同龄人中的佼佼者！成绩、荣誉和光环只属于过去，不应成为你前行的羁绊。今天，我们拥有了一个共同的名字——一中人。一中的校服着在身上，一中的校徽别在胸前，优越感与自豪感爆棚！但是，一年后、两年后、三年后，我们的双脚将迈向哪里？一纸高考试题检测的不仅仅是你的智力，更重要的是你的专注力、自控力与承受力！走出校门，世间有一条法则：走在前面的吃苦，走在后面的吃土！如何度过这"痛并快乐着"的苦，我以为：养足五气，终成大器！

一是正气。古人云：大学之道，在明明德，在亲民，在止于至善。本立而道生，求学之本，就是要修身立德。在当今纷繁喧嚣的社会中，希望你们不急功近利，不急于求成，抵住诱惑，静下心来。你们今天的努力与奋斗，不仅仅是为了成绩单上有更好看的数字，也不仅仅是为了未来有份体面的工作，而是要以天下为己任！"中国梦"的伟大实践里，更应该凝聚着青年人的拼搏与梦想。让知识与本领成为青春搏击的能量，让品德与才干成为人生远航的动力，让年华与奋斗成为国泰民安的保障。

二是朝气。"欲完美之人格，必健全其体魄。"希望大家能够形成良好的作息习惯，无比珍爱自己的身体。在一中这三年，能掌握一项运动技巧，保持和培养一个体育爱好，锻炼出一个强健的体魄，拥有一个积极阳光的心态。大家来自四千多个不同的家庭，具有各自的生活习惯，不同的成长环境，当你们走到一起，开始共同的集体生活时，必然有一个磨合融洽的过程，这就需要我们和而不同，求同存异，相互沟通，相互包容，相互理解，相互扶持。学习、生活中，你们可能经历挫折，遭遇失败，希望你们能找到合适的方式勇敢面对，以攻坚克难的意志力迎接挑战，在历练中塑造品格，成为一个内心强大的人。

三是大气。"人之有德于我也，不可忘也，吾有德于人也，不可不忘也。"别人对我们的帮助，千万不可忘记；别人倘若有愧对我们的地方，应该乐于忘记。人与人之间总会有摩擦，但人要活得大气。大气就是不计较生活中的小事，不为小事烦恼。"君子坦荡荡，小人常戚戚。"内心不愉悦，学习效果就不好，压抑使人无法专心去做事情。我们一定要大度友善，它能让你以极低的成本取得人生的成功。我们要用自己的善良和宽容，换取世界对你的帮助。

四是灵气。8月26日，耶鲁大学第23任校长苏必德（Peter Salovey）致新生的演讲中讲到，"在这个技术创新呼啸着奔向未来的时代，我们应该成为什么样的学习者？"他归纳为两类人——一类像狐狸，一类像刺猬。当受到威胁时，狐狸会随机应变，想出一个聪明的办法来应对。然而，刺猬总是用同一种方法来对应应对威胁：就是把自己卷成一个球。这两种动物，一个聪明机灵、灵活善变，另一个恪守成式、墨守成规。所以我也希望大家面对学习中困难"像狐狸一样思考而不像刺猬一样缩成一团"！

五是书卷气。陈寅恪先生说"士之读书治学，盖将以脱心志于俗谛之桎梏"，如果将读书局限于知识与技能，降格为个人谋生、发达的工具，就会功利而短视地对所读之书妄加取舍。读书的目的毕竟在于完善自身、提升心志，最终使你成为能够自觉肩负时代使命之"士"。"腹有诗书气自华。"阅读，可以让你温文尔雅，风度翩翩，可以让你知书达理，聪明睿智。希望大家养成"爱读书、多读书、读经典、读好书"的好习惯，让最绚烂的青春时光与书为伴！学校也将成立阅读社，开展读书会，每个月会为大家推荐各方面的优秀书籍，组织各种丰富的读书活动，希望得到大家关注，也期待着更多人的加入。

同学们，一中是读书的好地方，也是做学问的好地方，更是年轻人磨炼自己、为未来人生奠定基础的好地方。我真诚地希望大家：吐故纳新，养足五气！气度非凡，器宇轩昂，高山仰止，景行行止，心向往之，身力行之！

老师们、同学们，金霞山下的秋天，宁静而悠远、纯净而盈实，既有绚烂色彩，又有古韵书香。我相信，美丽的一中校园一定会因你们而更有底蕴，每一个一中人都会用行动和作为去传承一中的基因与价值！

谢谢大家！

读书与旅行

/ 彭亮老师 /

有人说我们的生活充满抱怨，妻子抱怨丈夫，下属抱怨领导，领导抱怨体制，员工抱怨老板，老板抱怨市场，家长抱怨学校，学校抱怨社会。于是我们行色匆匆，步履趔趄。于是我们相由心生，一个个眼神凌厉，眉头紧皱。

有老师总是笑我，说我每天精力充沛快快活活，要多当个班的班主任。就像天空总会有乌云，岁月从来就不是永远静好，只是在繁忙而重复的工作与生活中，我偶尔读书，偶尔旅行，比许多的人更容易快乐，更善于调整情绪。

读书与旅行总是相依相伴，因为读书，旅行会别有收获；因为旅行，读书而更有意味。读书是性价比最高的旅行，旅行是对万千世界最直接的阅读。去拉萨，人们为布达拉宫的壮观美丽而折服，或是随着人流好奇前行，或是驻足停留合影留念。因为读过文成公主进藏的历史故事，我在布达拉宫的旅行便多了份对历史的回顾，对公主命运的嗟叹，走在布达拉宫的石头路上的脚步也有了不一样的足音。穿过西北边塞时，我们会惊叹会感慨，可是因为读书，你还会在心头涌上"千嶂里，长烟落日孤城闭"的苍凉与豪迈，回到讲台再跟学生讲起边塞诗便平添一份沧桑的底蕴。走过江浙的小桥流水，夸赞着这份秀美，却也因读书，知道江浙出文豪，鲁迅、徐志摩、戴望舒……于是欣赏之余，会不由自主吟诵着"水秀山清眉远长，归来闲倚小阁窗"，更会明白好山好水毓灵秀的道理，再读《雨巷》，解说之中已带来江南的烟雨蒙蒙。

只是我们没有太多时间去旅行，但当你读到杜甫的"星垂平野阔，月涌大江流"，苏轼的"楚地阔无边，苍茫万顷连"，还有沈佺期的"天长地阔岭头分，去国离家见白云"，你就会知道，古人们也曾去过所谓的"远方"，到过心的彼岸。随着岁月的变迁，我们学到了更多的知识，知道世界那么大，迈开脚就可以是远方。但是，我想老师们跟我一样，更多的时间都在为生活和工作而奔波，所以远行就成了我们的梦想，仅仅是一个久久难以实现的愿望而已。

但高晓松不是说过"生活除了眼前的苟且，还有诗和远方"吗？他说："人生不能只顾着眼前这点儿苟且。生活适合远行，能走多远就走多远。如果你没有钱或没有时间远行，那么你就读诗，诗就是远方。"所以，我们要实现远行的梦想，就坐下来认真读书吧。

如果你向往云南，就去读汪曾祺先生的《汪曾祺写云南》，那里不仅讲述了云南的生活，更有独具特色的昆明的雨，那长长的却并不枯燥并不乏味的雨，引人思乡发人动情；那苍山雪洱海月那上关花下关风，让你身临其境流连忘返，不用去远方，你已在远方。如果你向往新疆，就去读《阿勒泰的角落》，汉族女孩用天然纯真的笔调描绘着世界肌肤深处的角落，不只是展现新疆的异域风情，更呈现出我们追求的心灵净土。那碧绿的山谷，清澈的河流，深厚的草甸，静谧的白桦林，温暖湿润亲近的人，像传说一样的存在，白花花的日子里是最透明干净的美。你没去远方，远方已有你。若有一天，我们终能旅行了，站在自己向往的土地上风景里，那文字里早已熟悉千遍的世界就在眼前，你会欣喜你会沉静你会沉醉，这一刻，你不再是旅行中的观光客，远方是你的家园，书籍是你的故土。

阅读是快乐的，因为读书之乐，乐在足不出户，便可遨游天下，悠然领略醉人的景致。一卷在手，千山万水皆在咫尺。书中有出乎想象的奇特风景，更有超越现实世界的视觉震撼。虽然还有许多脚步没有到过的地方，心却早已开始了旅行。

那就读书吧，在旅行开始之前。等到我们经过忙碌的工作后拥有自由的时光的时候，带着已读万卷书的丰富，去感受行万里路的美好，那时，我坚信，我们一定会眉欢眼笑，神采飞扬。

去看明天

——赏析保罗·柯艾略《牧羊少年奇幻之旅》

/C1901 冯卓巍/

如果你觉得现在的生活无聊乏味，那就带上自己，去看一场明天吧。

意大利作家卡尔维诺在他的著作中提出"树上的男爵"，为追求幸福的人们提供了一种理想的生活范式，那便是要舍弃当前的种种习惯，寻找高质量、高标准的为世人羡慕的"高级生活"。譬如有从来没有进过城的乡下人想要开开眼界，看看田地以外的大城市生活，他们觉得城里人是"文明人"；有在社会摸爬滚打的业界精英，到了最后却主动抛弃了琼浆玉露，选择回归一种安静的田园生活，他们羡慕乡下人，觉得他们是"文明人"。

其实以上两种标准，说不清哪一种更好，因为在一千个读者眼里有一千个哈姆雷特，每个人都有着自己所向往的生活方式，但困于眼下境况的疲惫与纠葛——这是随着年龄变化而不断变化的。当还是个乳臭未干的小毛孩时，能够满足自己的或许就是简单的一根棒棒糖，或许就是看电视调到最喜欢的动画片，舔上一口、看上一眼，满嘴、满眼都是童年的滋味，但这也并不是所有孩子都能享受到的。当成长为一个少年时，心态就有所不同了。一面扎入永无止境的学习生活，没日没夜地学习着，经过父母、老师——这些前辈的教诲，于是深深地相信学习是世界上唯一一项稳赚不赔的投资，而自己取得的成绩便是盈利的证据，它们会带你走向最渴望的明天；一面被数不清的社会关系缠绕着，少年总是不知天高地厚，义愤填膺，自命风流，少年表达情绪的方式很简单，我看什么事情是对的我便支持，看什么是错误的我便反对，他们认为是独一无二的个性成就了优秀的自我，但实际上是优秀的个性成就了独一无二的自我。蔡康永的"情商课"可谓切中肯綮：就像是在一条公路上开车，自由并不是对周边的汽车行人视而不见，加足马力横冲直撞，以一种蛮干的方式残缺不堪地到达目的地。自由是遵循这个特定场景中的行车规则，红灯便停绿灯再走，礼让行人避让车辆，每个人每辆车之间都保持着一定的距离，这即使不能迅速到达自己的目的地，但可以收获很多远超"到达目的地"这一目的的收获。而令人惋惜的是，仅有极少数的人在这个阶段认识到这一点，于是大部分人为自己多绕了许多弯路；当第二个十年画上逗号，社会的马拉松才刚刚开跑，而这个过程中好像也没有舟子可以渡人，除了自渡，他人爱莫能助。如果说高考是座独木桥，那么高考之后的日子是没有桥的。我也不知道我是否能准确地形容出这个我尚未经历的过程，但我知道在那种生活境况下，成年人的悲伤并不只是掉了一根棒棒糖这样简单，而是长期无数道伤疤联合而成的情感宣泄。

所以实话讲，本来就没有哪种极度轻松的生活方式，无论哪个年纪都是。

有一点令我感到奇怪，很多次当我追求我想要的东西时，时常我都可以不费吹灰之力唾手而得，而如今我却感觉遇到了瓶颈，好像我正慷慨大方地把曾经属于自己的东西拱手相让，当我回头再看自己的辉煌时刻，它仍然在那里，但是它只属于过去的我而不是现在的我，我在过去的我身上看到了不属于现在的我的东西——坚忍。就像圣地亚哥说的，"当你真正想要某种东西时，整个宇宙会合力助你实现愿望。当时的你有着良好的开端和新手的运气，但离自己的梦想越近，事情就变得越困难。因此，不能莽撞行事，不能失去耐心。假如做不到这一点，最后你将看不到上帝在你前进的道路上布下的预兆，你要永远遵循预兆行事"。

想要改变自己，什么时候都不算太晚。当你自认为已经于事无补，为时太晚时，可能恰恰还不晚。我还记得我年少时的梦，像朵永不凋零的花。既然来人间走一遭，万千世界，不去看看多可惜啊。北上是北极熊的肚皮、南下是南十字的星光、东游是北海道的汤泉、西游是莫高窟的砂岩。年纪轻轻的好处也许就是爱做梦，但光说不做也只能做梦，付诸行动才能圆梦，做个实干家而不是演说家，这才是格局。

回到刚开始的话题：到底怎样的生活范式才是真正应该追求的"明天"？也许"明天"并不一定是全盘抛弃曾经的生活去拥抱另一类生活，它们应当融合起来，正如你也说不上是秋日的枫叶成就了泰山还是秋日的泰山成就了枫叶，它们相互拥抱，双向奔赴。也许"明天"并不是一种生活方式，也许是令人神往的地方或人，他们会在你冗长而短暂的人生中留下璀璨的一笔。

所以累了就出去看看吧，这也是一种明天。

2021 年 2 月 18 日

校园歌手大赛

　　校园歌手大赛在每年的四月份举行，经过八年的发展，歌手赛已经成长为学校里最受追捧的学生活动之一，同学们从水泥地唱到艺体馆，从竹制架板唱向了专业舞台，从老师、亲人的眼皮底下唱到了远方。校园歌手大赛充分体现了学校为同学们搭建舞台、培养爱好的教育初心，也是学校推进素质教育的重要活动。

英语风采大赛

　　英语风采大赛在每年的五月份举行，届时来自市县区各优秀兄弟学校的英语爱好者们会齐聚一起，展现英语口语能力，体现个人演讲风采。风采大赛是我校鼓励学生致力于提高中华文化软实力与影响力、增强国际话语权、推进国际传播能力建设举办的重要活动，为同学们将来向世界讲好中国故事提供锻炼机会。

《运动会（体育节）》

　　运动会在每年的十月末举行，是我校坚持"让锻炼成为习惯，让运动带来快乐，让健康相伴一生"的运动理念所举办的全校性活动，是高擎"五育并举"教育旗帜所开展的重要学生活动。2017 年 10 月 11 日，全省第二届中学生运动会更是在我校举行。运动会，有助于一中学子培养务实求是的行为习惯，涵养忠纯至善的品质道德，做卓尔不凡的新时代青年学子，追求卓越的芳华人生。

拔河大赛

拔河运动具有健身、竞技、娱乐、趣味等特点，我校不定期举行拔河比赛，培养学生们团结合作、奋力拼搏、健康向上的精神风貌。每逢此时，校园内加油声此起彼伏，师生一体，为班级荣誉而战！

社团节

缤纷社团，张扬个性。大音希声，大象无形，最好的教育是"润物细无声"。定期开展的社团活动，极大地丰富了学生课余生活，繁荣了校园文化，培养了学生的创新精神和实践能力。为充分挖掘学生的潜力，为学生打造个性课堂，全校共组建了楚天文学社、E记者站、中国风社、街舞社、音乐社、模拟联合国等近20个社团。几乎每个学生都能为自己的兴趣找到一个极具归属感的家。社团活动非常丰富，不少社团有了自己的品牌成果，如《楚天》《年华》《我们在e起》《星云电脑报》等刊物，特别值得一提的是，《大美一中》《大美一中2.0》明信片都受到了好评。

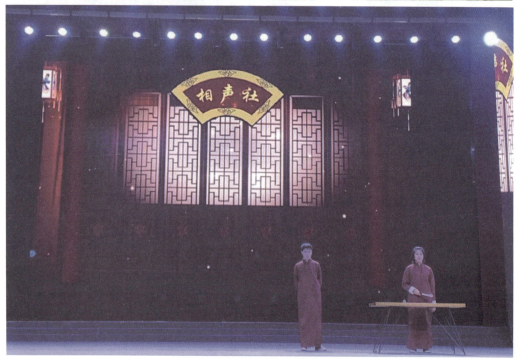

国际交流

伴随着全球经济一体化的深入发展，培养具有国际视野的优秀的世界公民是当代教育不可回避的责任。我校一直以开放的胸怀与国际接轨，聘请外教开设口语课、派选教师赴国外中学或高校进行交流学习、学生赴国外交换留学，这已成为我校的新常态。对外合作的"请进来"与"走出去"也使一中教师的能力有所提升。学校借助中外文化交流，积极选派教师，开展与国外友好学校全方位、多层次的教育交流与合作，促进专业成长。

↑ 外语口语课堂

↑ 国际友人来访

↑ 我校教师赴美交流

《 研学实践 》

　　见识即知识。身体和心灵总有一个要走在路上，要么读书，要么旅行。杜威说："教育即生活，教育即生长。"让教育回归到生活，让学生在生活中获得生长的养分，让学生的生命生长、精神生长成为我们湘潭县第一中学的教育目的，这就是我们学校举行这次研学活动的意义，更是我校"激扬生命·奠基人生·成就梦想"这一办学理念的践行方式。

　　2017 年 7 月 12 日，长郡中学与湘潭县一中"走进新农村"暑假社会实践活动圆满结束。活动本着"锻炼提升自己，在实践中成长"的原则，让孩子们亲自下乡村实际考察，了解湘潭县新农村的方方面面。考察分为十个小组，提出了农产品销售网络化、农村留守儿童、湘莲特色生产、湖湘文化的保护与传承等十个课题。在开展活动的五天时间里，同学们在指导老师的带领下，进农村、下基地、访工厂、调查、采访、统计、总结，认真思考，积极讨论，分工合作，完成了本小组的课题研究，都交出了一份令人满意的成果展示。

↑ 湘潭县大禹农庄负责人接待学生调研农产品销售网络化

↑ 湖南粒粒珍湘莲食品有限公司负责人胡俊敏在回答同学的提问

〈 民俗传承 〉

　　湘潭民俗文化丰富多彩，博大精深，是形成地区凝聚力的内在动力。我校鼓励学生传承民俗文化，更是想为地区民俗文化注入新时代的蓬勃生命力，同时也培养学生爱家乡、爱祖国的良好精神风貌。青山唢呐演奏名曲，舞龙、虾灯、武术与舞蹈的结合，基于方言创作的相声小品等，无不体现我校对民俗文化的坚守与传承，创新与发展。

↑ C1708 学生舞龙表演《一抹红》

↑ C1603 学生虾灯表演《虾灯情缘》

↑ 中国风社、街舞社代表的武术表演《霍元甲》

↑ C1913 学生方言相声表演《一中相声联赛》

↑ 教师舞蹈表演《丰收夜》

思 考：高中三年，你想培养什么样的兴趣爱好呢?

红色文化

一方山水孕一方文化，一方文化育一方人。

湘潭是伟大领袖毛泽东主席，开国元帅彭德怀，开国大将陈赓、谭政以及我党早期领导人罗亦农的故乡，也是世界著名的艺术大师齐白石的故乡，有着丰厚的红色资源和艺术积淀。湘潭文脉悠远，底蕴深厚，自古受湖湘文化润泽，近代以来更是走出过湘军统帅曾国藩、旷代逸才杨度、晚清学者王闿运、民主革命先驱刘道一、抗日名将宋希濂等大批历史名人。正是在这样深厚文化底蕴的基础上，湘潭县第一中学的文化建设像一颗璀璨明珠，镶嵌在三湘大地，熠熠生辉。

所以，如果要用一个字来形容湘潭县第一中学，那么当仁不让的就是"红"。

在我校，"红"是一种精神。湘潭是"红色文化的摇篮""红太阳升起的地方"，孕育了伟大领袖毛泽东，诞生了开国元勋彭德怀。老一辈无产阶级革命家罗亦农、黄公略、陈赓、谭政、周小舟等从这里走出。他们带着信念如磐的红色精神，实现了建党、建国、建军伟业，在中国史册上创下了丰功伟绩。我们一中的教育，就是要让红色基因在这块土地上根植深厚、代代相传。为此，将校训重新改回为"祖国在我心中"。这表明我们的教育，就是要适应时代发展的要求，增强爱国的情感和振兴祖国的责任感，树立民族自尊心与自信心；弘扬伟大的中华民族精神，高举爱国主义旗帜，锐意进取，自强不息，艰苦奋斗，顽强拼搏，把爱国之志变成报国之行。

在我校，"红"是一种文化。从北宋胡安国、胡宏父子在湘潭碧泉著书讲学开始，湖湘文化中的湖湘学派在这里扎根远扬，影响着这块土地上生长的人们。湖湘文化中经世致用的学风深刻地影响了湘潭籍无产阶级革命家，形成了红色文化的一个突出特点。一中人对前人倡导的"经世致用"学风极为倾慕，形成了一中"卓实教育"的主张。我们既希望一中的学子能够成为知识与真理的真正渴求者，为成为真正具备核心竞争力的专业人才打下坚实的基础；也希望一中的学子眼中不只有小时代，还有宏大又与自己息息相关的大时代，心中不只有自己的小世界，还有装着他人、社会、家国的大世界，立志成为有责任担当、家国情怀和国际视野的现代公民。

习近平总书记反复强调："要把红色资源利用好、把红色传统发扬好、把红色基因传承好。"如何深入贯彻习总书记的重要指示，我校正实践着以下四个方面的探索。

《红色文化纳入德育教育》

我校主张传承与弘扬适宜学生成长的红色文化精髓，将学校德育工作虚功实做。通过深化红色校园文化内涵，开展学生的实践体验等，让学生在系列活动中受到潜移默化的熏陶、感染和教育，使他们的情感得到升华，行

↑ 1802 班师生在 2019 年第二十五届校园艺术节上合唱《保卫黄河》

为得到内化，逐步做到言必行、行必果，增强学生的道德规范意识和高尚的道德情操，培养学生艰苦创业奋力拼搏的精神。

➊ 将红色精神融入校园文化生活

学校精心打造红色校园文化精品项目，师生共同排练、出演校园版红色经典情景诗朗诵《新湖南少年歌》，充分展现当代青年对"红色精神"的诠释和理解，营造唱英雄、学英雄的良好氛围。举行"纪念五四"文艺汇演，弘扬中华儿女不屈不挠的革命斗志，增强思政教育的感染力和影响力。开展"经典诵读"比赛，引导学生礼敬传统文化，传承民族精神，涵养文化自信。

↑ 学校朗诵社表演情景诗《新湖南少年歌》

《新湖南少年歌》

一泓云水，划界两楚秀水青山，大湖之南，天地共咏绝美潇湘。

于斯为盛，风华千载人文胜地，敢为人先，少年风歌代代传唱。

是东汉少年蔡伦绮梦，造纤纤一纸万世文章；

寻翰墨风雅法度严整，初唐信本① 呈字体端庄。

志趣高远且博学力行，理学大家从濂溪② 传扬。

当修身为学经世致用，安国少壮已学修涵养。

十六风华读岳麓书院，王夫子一届圣贤诗狂。

少年时魏源疾走世界，《海国图志》里眼观四方。

中兴名帅创湘军天下，自伯涵立德立功立言。

青春嗣同说岂有此理！

新学变法誓图存救亡。

岁月千秋看沧桑巨变，才俊杨度显气宇轩昂：

若要中华国果亡，

除非湖南人尽死——

挽狂涛必有湖南少年永担当！

百十年里，少年黄兴投笔从戎；

华兴会上，长沙起义气壮河山。

辛亥革命，旗帜鲜明声援武昌，

一肩道义，蔡锷将军护国讨袁。

继承往圣，改造社会兴我中华，

矢志不渝，血色疆场不倒左权。

学修不止，革命征程宠辱不惊，

求知若渴，少奇铸就伟岸风范。

闹桀乡绅，贫穷少年德怀天下，

横刀立马，彭大将军一骑震天。

一路走来，少年润芝开国领袖，

乡音不改，一声宣言世界大变！

冬去春回，月落日升，

一阕《咏蛙》张扬湖南少年的个性。

---

① 信本：欧阳询的字号。
② 濂溪：周敦颐。

湘江北去，同学少年，

一脉相承传扬于斯为盛的彪炳。

牛庄之战，湘军覆没，

甲午之战哀嚎牙断血吞的屈辱。

保卫长沙，钉死日寇，

重铸湖南少年山河共存的血性。

一支队伍，众擎易举，

万里长征开启民族独立的远行。

一路陶然，红旗招展，

建设改革启势百废俱兴的铸鼎。

政通人和，国富民强；

中华大地中国梦走近伟大复兴。

中国如今是蛟龙，湖南高唱大旗展。

中国今朝是巨轮，湖南发奋志更坚。

若要中华国果亡，除非湖南人尽死。

薪火相续中国梦，努力学习在少年！

立德树人脚下起，励志成才在今天。

若道华夏国运昌，万众同心永向前。

二　把红色教育资源作为学生思政教育的重要内容

依托伟人故里、红色圣地的优势，我校以传承红色基因为己任，积极利用爱国主义教育基地宣教功能，组织学生到毛泽东广场瞻仰献花，到毛泽东同志纪念馆重温革命烽火岁月，走毛泽东小道追寻伟人足迹；党员教师以及入团积极分子怀着对彭德怀元帅的敬仰，赴乌石聆听"不忘初心、牢记使命"彭德怀元帅精神宣讲报告会，感悟革命精神；青年学生在陈赓、谭政、黄公略、罗亦农、周小舟、张天翼故居，听取当地的红色故事，感受红色文化的魅力……

三 开展红色主题综合实践活动

依托本地红色文化资源，学校坚持组织高一新生赴实践教育基地进行暑期"青少年综合实践训练"，要求学生必须完成列队训练、战术指导、救灾救护、拓展训练、拉练、国防教育、感恩教育等课程。从队列训练到汇报演出，从了解军史知识到参观军营生活，从学唱军营歌曲到10公里的长途拉练，每一项活动都严密组织，督查实施。这些实践训练，培养了学生吃苦耐劳、勇敢顽强的精神，增强了国防素质和崇军尚武意识，增强了集体主义观念和组织纪律性，引导学生成为红色革命精神的守护者和实践者，从而树立正确的人生观、世界观和价值观。

（四）严格规范的军事化训练抓养成教育，实行准军事化管理

狠抓寝室内务，严格内务卫生标准。大到背包叠法、物品摆放，小到牙膏牙刷、肥皂放置都严格按部队内务条令标准严格细抓。在学校宣传栏设立内务评比专栏，每日评出"卫生优秀寝室"，充分发挥示范带头作用，在评比中促进步、求提高，形成"比、学、赶、超"的良性竞争氛围。

红色文化进课堂

红色文化不仅是我国开展革命精神传承教育的重要文化资源，更是用来培养一代又一代社会主义接班人的重要精神资源，红色文化也是我国大多数红色主体教育活动不可忽视的根基底蕴，将红色文化推入课堂是我校引导学校精神、弘扬教学风格、转变学习风格，以达到教学统一的重要手段。

学校紧抓课堂这个教育主阵地，坚持将红色文化和国防教育渗透到各学科教学中。教研组要求任课教师备课时根据不同学科的特点和知识点，把红色文化和国防教育引入课堂教学中，激发学生的兴趣：语文课把有关历史事件、人民战争、民族英雄、革命先烈等内容中的红色精神和国防思想加以提炼，向学生灌输爱国拥军思想；历史课引导学生牢记"落后挨打"的历史教训，培养学生"居安思危"的国防观念；音乐课通过教唱《义勇军进行曲》《打靶归来》等歌曲，陶冶学生的爱国情操。

红色精神与国防教育高度融合

学校国防教育是全民国防教育的基础，国防素养和国防意识是青少年健康成长、报效国家和服务社会的基本素质，事关民族凝聚力、国家竞争力和全社会安危。我校（老校区）是1945年9月20日中国驻湘潭军队获得抗日战争胜利接受日军缴械投降之地。一直以来，我校非常重视国防教育工作，不断加强、提高师生的综合国防素质、国家意识、国防意识和忧患意识。

我校每年组织新生军训、国防知识讲座、国际形势讲座等形式多样的国防教育教育活动。学校还通过发放国防教育读本，以专题学习的形式向学生传授国防教育知识，确保全校学生接受国防知识基本教育

的普及率达到100%。将每年九月份第四周定为"国防教育活动周"，任何教师不得挤占国防教育课时，校长亲自抓国防课的集体备课制度，保证教师上课有充足的准备、完善的教案。学校还把国防教育与节日、学生课内外活动有机地结合起来，精心策划，开展深受学生欢迎的特色活动，增强国防教育的吸引力和感染力。每逢周一和重要节庆，举行升国旗活动，通过唱国歌、国旗下的演讲进行爱国主义教育；八一建军节组织师生参观军营、听专题报告，开展军民联谊活动；每年3月5日，组织学生开展学雷锋活动，到敬老院、光荣院慰问老红军、老战士；清明节组织师生前往烈士陵园扫墓，对师生进行革命传统教育。

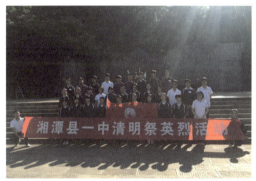

如今乘湖南省唯一海军航空实验班落户我校的强劲东风，我校充分利用湘潭的红色资源、优秀人文环境、光荣的历史传统等优势创造性地开展国防教育工作，不断地探索和制定符合我校特色的国防教育内容体系。

🔶 2020年3月22日省军区副政委、省国教委副主任许凤元（右二）来我校开展国防教育调研

我校的国防教育工作硕果累累。在教育部2016年国防教育特色学校的评选活动中，湘潭县第一中学被评为"国防教育特色学校"（国家教育部〔2017〕1号文件）。据悉，此次教育部共认定1430所学校为"国防特色学校"，其中包括清华大学等32所本科高校和1398所高职、中职、中小学等各类学校，湘潭县第一中学是湘潭市唯一获此殊荣的示范性高中。我校还是原广州军区国防生优质生源基地、国防科技大学优质生源基地、空军招收飞行学员优质生源基地（湖南共8所）及海军航空兵培养基地。2012年以来，我校输送了14名空军飞行员，每年都有近百名学生考入军校或者录取为国防生。2001年从我校毕业的周湘虎，现任文昌发射场工程建设指挥部工程师，2014年被评为第五届"全国自强模范"，2016年被评为"全国向上向善好青年"，受到习近平主席亲切接见。2011年黄寅同学考入清华大学飞行学院，成为中国空军与清华大学联合培养的首批飞行员之一。

↑ 二排左一为湘潭县一中毕业学生黄寅

《传承红色使命，打造红色教育品牌》

强国必先强军，强军必先强校。我国幅员辽阔，海洋资源丰富，随着国家战略利益的不断拓展，海洋越来越成为国家安全与长远发展的命脉所在，成为中华民族振兴的希望所在。海军因海而生、向海而兴，肩负着维护国家海洋权益、建设海洋强国的重任。为进一步拓展优质飞行人才来源渠道，自 2015 年起，海军依托全国部分省级示范高中建设航空实验班，承办学校被授为"海军青少年航空学校"。

无湘不成军，湘潭人的血性足以担当天下兴亡之责。为了让红色基因的种子更好地在湖湘热血男儿心中生根发芽，传承"心忧天下、敢为人先、百折不挠、兼收并蓄"的湖湘文化，弘扬"忠诚、担当、求是、图强"的湖南精神，我校积极落实习近平总书记"建设强大海军""发展海洋事业"的战略部署，聚焦红色主题，打造红色教育品牌，以实际行动支持海军舰载飞行人才培育，努力培养更多热爱海空、适合飞行的人才苗子，培养"有灵魂、有本事、有血性、有品德"的坚定举旗人、可靠接班人、出色圆梦人，让一中的明天更"红"。

2016 年 11 月，前任校长赵罗海利用在清华大学参加招生工作会议的机会，与海军招飞局取得联系，经市县教育局同意后承接了承办海军航空实验班的任务，于 12 月向省教育厅申请组建海军航空实验班。经过严格的审查，我校终于凭借严谨的教学管理、优秀的教学质量、良好的社会声誉，成为湖南第一所，且目前唯一一所试点开办此班的学校（湘教通〔2017〕19 号），命名为"湖南省海军青少年航空学校"。湖南省教育厅还于 2017 年 3 月 13 日发湘教通〔2017〕81 号文件，明确我校面向长沙、株洲、湘潭、衡阳、郴州、永州、娄底 7 市招生。乘航母，开舰载机翱翔在祖国的海空，对我省学子来说，不再是梦想。

该班遵循青少年成长和飞行人才培养规律，旨在通过军地合作、超前培育、精准高效的培养模式，抓住青少年思想意识形成和身体心理发育的关键阶段，及早发现和培养更多热爱海空、适合飞行、素质全面的飞行学员苗子，为海军航空兵战斗力建设提供有力的人才支撑。实验班学生从应届初中毕业生中选拔，经政治考核、体格检查、心理检测、文化把关 4 个环节确定录取，并签订培养协议。入学后，学校选派业务精湛、责任心强的优秀教师担任班主任和学科教师，对学生集中编班，免收学费和住宿费，海军每月按标准发放营养补助。学生在完成国家规定高中阶段课程学习的同时，穿插开展国防教育和航空特色训练，提高国防意识和飞行兴趣。高三下学期参加海军招飞检测，符合条件的录取为海军飞行学员，特别优异的，可录取为海军和清华大学、北京大学、北京航空航天大学联合培养的"双学籍"飞行学员。

我校深知，做好海军航空试验班建设工作，事关海军发展和国防建设大局。因此，我校严格按照海军方面和省教育厅的有关要求，紧密依靠海军，积极争取政策支持与领导关怀，在班级管理、师资队伍、教学实施、身体素质、作息训练、活动开展、饮食保健等方面，进行探索和创新，同时还要积极学习其他省市具有丰富承办经验的学校的先进经验。在既有办学成绩的基础上，全面加强管理，围绕"办出特色，办成品牌，办出军魂"的建设目标，用扎实有效的举措抓思想、促学习、强体质、练本领，不负众望，终于让湖南省海军青少年航空实验学校成为军地合作的先进榜样，成为全国同类学校中的佼佼者。

↑ 2020 年 4 月 7 日，时任湘潭市人民政府市长张迎春（中）看望海航班学员

2017 级海航班的出飞率居同类学校第一。我校 2017 级海航班学生（入学人数与现留存人数）在全国 9 所承办学校（2017 年全国仅有 9 所学校承办了海航班）的对比中，以 72% 的巩固率高居 9 所学校第一名，高考中有 23 人录取到海军航空大学，出飞率高居全国第一。海军副司令员丁毅中将、时任湖南省人民政府副省长吴桂英参加颁奖仪式，在讲话中高度肯定了学校为培养海航学员所作出的突出贡献。CCTV–7、CCTV–13 等主流媒体对此活动进行报道，产生了深远的影响力。

🔺 海军副司令丁毅中将指导学生进行训练

🔺 海军副司令丁毅中将（前排左 13）、省人民政府原副省长吴桂英（前排左 14）、湘潭市原市委书记曹炳芳（前排左 11）与我校首届海航学子合影

课程文化

孙中山先生说："学校者，文明进步之源泉也。"这里，萦绕着知识，盘桓着精神，启迪着智慧，关乎着未来。

学校站在"培养什么人、怎样培养人、为谁培养人"这一根本问题看，课程是学校实施办学理念和实现育人目标的载体，是落实立德树人根本任务的关键，是学校办学诸要素中的核心要素。重视校本课程，将其作为内涵、品质和质量提升的重要抓手，强力打造特色课程并深入开展课程研究活动，最终形成学校的课程文化，是传承符合社会发展的核心价值观，可以不断引领师生共同追求幸福。

苏霍姆林斯基说："教育——这首先是人学。"这应该是每一个教育者牢记心中的首要"教育信条"。"人"，一撇一捺，在湘潭县第一中学的办学理念里，这一撇从高处来，代表着仰望星空、追求卓越、卓然绝尘；这一捺向低处去，代表着俯身实干、脚踏实地、忠纯务实：一撇一捺，为未来立下大写的人。

为更好适应新高考时代学生成长的个性化需求，学校高度重视课程资源建设，大力推动校本课程和校本教材开发工作。目前学校除重点抓好基于国家标准的各项基础课程之外，还形成了富有校本特色的课程体系：学科竞赛、科技创新、体育竞技、音美特长、综合实践、国防教育、生涯规划、社团活动等。在今年市教育局组织评选优秀校本教材的活动中，有数学科的《教案设计》《自招讲义》、语文科的《晨光正好》《悦读之夜》、综合实践组的《智能机器人设计》、海航部的《红色文化与国防教育》、英语科的《基于核心素养下的英语词汇教学》、音乐社的《合时代节拍歌窈窕华章》等多部校本教材获奖。

通过"研发卓识课程""培养卓实之生"，是我校"卓实教育"的重要目标之一。根据学生个性与思维特点以及国家未来发展的需要，我校正积极探索理论研究、科技创新、社会人文、国防军事"四个卓越"人才培养模式。除教育部要求开设的统一课程之外，针对不同类的人才，我们尝试采用不一样的培养模式。

　　理论研究型人才，是指将来主要从事各大学科基础理论研究的人才。 在高中阶段，这类学生表现为对数理化生以及计算机等领域的知识表现出极大的兴趣和一定的天赋。学校成立五个学科的奥赛团队，对这一类学生针对性培养。每个学科都配备了足够的教练，有资历深厚的金牌教练任总教练，还有重点院校研究生毕业且自身取得过奥赛金牌的年轻教师担任助教。近年来，学生中参加全国数、理、化、生、信息技术奥赛的共有 94 人获省级一等奖，获奖人数位居全省前列，取得了省内外知名的成绩。学校还定期邀请专家来学校为同学们进行专题讲座，开拓同学们的视野，坚定同学们心中的信念。比如，2018 年，我们邀请了中科院物理研究所的 10 多位青年科学家来我校和物理学科的奥赛选手们进行了为期两天的零距离交流。

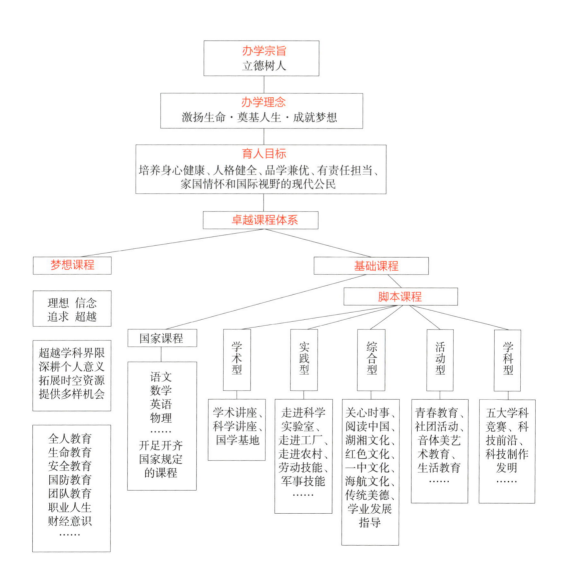

奥赛之路，一路荆棘，一路汗水，一路芬芳。几百个日夜的头脑风暴，无数次挑战难题败下阵来的酸楚，终于成为坚固的石梯，带他们通向了不一样的世界：在这里，他们看到了科学世界不同于物质世界的精妙绝伦；在这里，他们感受到了思想给人类带来的尊严；在这里，他们找到了未来人生之路的方向。

楚昊

一位老师曾这样告诫我：一切看似偶然的背后都隐藏着必然。这不仅是告诉我们要汲取过去错误的教训，还要对设想的未来付诸努力，对将来应有的生活抱以充分的自信。奥赛之于平日学习之艰苦，我是深有体会的。痛苦与煎熬是这条坎坷道路上必经的风景，然而因一时挫折而灰心丧志，因身处逆境而放弃前行，甚至让怠惰在心中扎根。我想，这样的日子不值称为青春。青春不是一味奋力追求，弄得自己身心俱疲；更不能是快活闲适，以时日尚多麻痹自身。而是在内心的呼唤，在梦想的指引下，学会正确处理生活与学习的关系，急风骤雨时拉紧船帆，怀抱信心，勇敢谨慎前行；天朗气清时便放眼四方，以希望紧紧拥抱生活。在我们生命力最旺盛的日子里，应当像爬山虎一样，向着心中的梦想不断向上攀援，把青春的绿色铺满征途。

李剑凡

在20多个月的生物学学习之后，我想，我要赖在其中不出来了。原因很简单，生命科学不断给予我获取知识的充实感与探索生命的乐趣。

在这里，不论是繁复的动植物分类，还是困难的遗传率计算；不论是宏观的生态学与进化学，还是微观的分子生物学与细胞生物学，抑或"枯燥的"生理学……都能引导着我领略生命风景的奇秀瑰丽。这种熏陶与沉醉，是妙不可言的。

其实，这一腔热情也是在竞赛路上摸爬滚打逐渐提高的。这条路说不上好走，在过去的近两年里，我也纠结挣扎过，也迷茫彷徨过，也膨胀自大过，但风风雨雨，最终明白，只有走到了终点才能言说输赢。我很开心也很庆幸，最终还是获得了省级一等奖。

当然，这一切仅靠我自己是远远不够的。感谢学校在资源配置上的大力付出，不仅营造了更好的竞赛氛围，更方便了我们接受前沿知识；也多谢教练张勇平老师一直以来严格而不失体贴的督促，引导着我们夯实基础稳步提升；也少不了生物组兄弟姐妹之间的互帮互助，这种温馨的氛围，使得我们每一个人都能够以轻松的心态迎接一切挑战。

我很庆幸，我曾走过这条路。

陈文钊

南京大学的杨 sir 在其《生物化学原理》前言部分对学生说："我始终认为，想要学好一门课，你首先得让自己喜欢上这门课。"

不得不承认，无论是竞赛还是高考科目的学习，从表面上看都是枯燥的，但其实用心探索，个中趣味不言自明。举个例子吧：动植物分类学的知识浩如烟海，其中的规律、特例也不胜枚举，背起书来可谓苦不堪言，但每每在路边、在荷塘旁、在花园里见到这些可爱的生物，当我能将他们的名字、特点与书本上的名字、特点一一联系起来的时候，心中便平添了一份乐趣，当然还有一份自豪和对知识更深的把握。学习本就可以是这样一种蕴含了趣味、想象以及诸多元素的探索活动，并在探索中拓展广度与深度。非常感谢生物竞赛给了我这样一个去认识和实践这种探索的机会，更感谢学校和老师给了我这样一个去接触和学习生物竞赛的机会，感谢这一路走来支持过我的每一个人。

最后，我想用上朱玉贤院士写在《现代分子生物学》前的话："当你翻开书本的时候，你必须尽可能展开想象的'翅膀'，否则，你就不可能走在别人的前面。"与诸君共勉。

陶晓晴

记得当初选择生物，是因为对小动物的喜爱。而后来进入到生物奥赛的世界，随着了解增加，当初的兴趣却慢慢地消磨了。我也曾想过放弃，但又觉得可惜，所以，我想赌一次。

我们用勤奋来赌。最后一个月时，所有人都在拼命，每个凌晨才是我们真正的入睡时间，每个人都挂着重重的黑眼圈，常有半眯着眼考试的情形……幸运的是，我赌赢了。现在看来，生物奥赛绝非先前以为的那般索然无味，我是越来越怀念当初的那股埋头苦干的狠劲、那些并肩奋战的身影、那些砖块似的教材了。

伍思仪

　　离全国联赛已有一个月了吧，离我开始走上生物竞赛之路也已有两年了吧，我正有写一点东西的必要了……

　　真的猛士，敢于直面惨淡的人生，敢于正视淋漓的鲜血！当初的我们，就是怀着这样一种信念走过来的，在这期间，我们有过激烈的讨论，有过深沉的思考；我们分享过欢乐，我们流下过泪水。我坚信，播种了拼搏的种子，终将收获成功的果实！

葛陆燚

　　我对有机的兴趣来得更浓，以碳为核心形成的这些有机物有着和无机物比起来更奇妙的变化，这些物质，在一步步分反应中，从一种简单的物质变为人们所需要的一个个奇形怪状的家伙。而且有机反应，和无机反应比起来，更注重机理，而不是单纯的产物，存在的不确定性更多，溶剂性质、电子如何转移、空间位阻、生成物的热力学稳定性和动力学可行性、分子轨道的相容相斥、对基团的保护，都是有机化学必须考虑到的。以及各种人名反应，他们一个个无不给我带来无限的惊喜、视觉上的享受还有思维的燃烧。

　　知道自己是省级一等奖的时候，我并不是很惊喜或是惊讶，因为我也做好了拿省级一等奖或者只是拿省级二等奖的准备。但现在想起来，我确乎是感到开心的，因为我的努力确确实实给了我回报，我也确确实实证明了想证明的东西。这或许是我高中奥赛生活的结束，但这也是一个新的开始，我在化学这条路上的行程还有很远，但至少我现在可以这么说："即便是被遗弃的土地，也会有花朵在此绽放，并且这不会是最后的花朵，终有一天，这里将不再荒芜，而是繁花似锦。"我的行程在此就告一段落了，但我相信，也由衷地希望这条路在一中会延续下去。只要不断前进，道路就会不断延伸，所以说，不要停下来啊！

周俊延

　　我又到了化学组，这是我梦飞翔的地方。在这里，一位剑客找到了他的剑，开始了一段旅程。这个故事是给我自己的，也是给所有过路人的。

　　当你凝望星空时，你想到的是什么？我惊叹世间万物都是由原子、分子、离子们构成。也仅仅只是这几者，便让这世界如此丰富。百来号元素，便组成了烟波浩渺的洞庭、雾凇倒悬的黄山、一望无垠的稻田，和代表现代文明的钢筋水泥。自然的美景蕴含其中，生命的奥妙也蕴含其中。我怎能不为之倾倒？我爱化学，就像一位剑客，在满藏宝剑的剑冢里，找到了独属于自己的剑胚。

剑客找到了适合他的铸剑秘籍——化学奥赛，也找到了一群朋友，相约前行。我还记得那本被全组人视作噩梦的考点解析，那叠被我们当作笑谈、调侃至今的半边复印版必刷题，记得在黑板上书写题目时的忐忑不安，更记得十个人围在一桌，钻研、探讨、争辩、质询。在一个个问题的捶打下，思想的火花迸发。在金石敲击的铮鸣声中，剑客不断地锤炼着自己的剑，欣喜非常。剑客不住期待功成的那一天，幻想如同李白"十步杀一人，千里不留行"仗剑天涯的豪情，剑客意气风发，踌躇满志。

山庄论道，剑客认识到自己的渺小，身边的朋友不断离开，剑客开始孤独和彷徨，舞剑的艰难，让我精疲力竭。可是每一个攀登者不都是踽踽独行吗？剑客尽力舞了一次，没能挽出多灵动的剑花，他悄悄埋下了自己的剑，重新拾起了常规学习。慢慢的，剑客打磨出了一把刀，剑客凭着刀打败了一众敌手，但剑客倍感孤独，剑客怀念着用剑的时光——肆性妄为，潇洒无比。剑客常常想着自己的剑。

拭剑，收笔。剑客又回到了他找到剑胚的地方，走好选择的路，不要给自己后悔的机会，不要为迷雾所惑。相信自己，无畏前行。愿来者热血常在，不负赤子之心；负剑前行，不问前路崎岖，终不负剑客之名。

刘畅

起源与选择。 就像在海边的小孩看到贝壳就会发笑，我对于科学的爱也是无原因的，这是一种生命对于美的最纯粹的本能。

对于自然科学，我不可能做到全面深层的了解，所以我选择了生物作为我的主要发展方向以了解我们人类自己，走进了生物竞赛。

乐趣与迷惘。 随着对生物的了解不断深入，奇怪的知识也在不断增加，幼时的一些问题也都得到了解答，我从生物奥赛培训中获得无穷的乐趣。

但是未经历磨难的爱是不成熟的，接触奥赛时，的确有被那些繁杂晦涩的知识吓到，最最黑暗与迷惘的时间是考前那最后半个月。面对两年半的付出还是想要有一些回报，我不知道半个月后我究竟能怎样，那些给予我期待的人又会怎样，这世上比我聪明且勤奋的人绝不在少数，所以为什么是我呢？这最后半个月真的有什么意义吗？我的未来又该怎样呢？我在这种迷惘的状态下浑浑噩噩地过了两天。

蜕变与收获。 我重温了一遍《千与千寻》，深深地明白了：就算我只有那半个月又有什么关系呢？我将从零开始，所以应该无所畏惧。我循着梦想的指引，谦虚地认识自己的无知，骄傲地相信自己的才华终将把这一切困难克服，突破了前一段时间迷惘的困境，不断地充实，终于取得了还算好的成绩。

最重要的是我更加坚定了自己的信念——当你真正发自内心想完成一件事，全世界都会来帮助你。《星游记》中的笛娅说："相信奇迹的人，本身就和奇迹一样了不起。"所以，不要停下来啊！坚信爱与奇迹，永不放弃。

赵宇星

蝉鸣裹挟在夏夜的清风，树影摇曳，当别人还在这般适合抒情的场景里感慨数理化生不可得兼的时候，我已经毫不迟疑地选择了生物。早已种下的魔咒，一经激发便不可收拾。怀揣着满心的热爱，我敲开生命科学的大门，得以窥见冰山一角。

因为热爱，我依然清晰地记得第一次培训的内容是植物分类与解剖。课后的我漫步校园，看着每天已熟视无睹的花草树木，一种想知道他们的名字的冲动没由来地涌上心头。

因为热爱，学习动物解剖时，面对血淋淋的动物解剖图，已到嘴边的饭团、肉片、零食愣毫不犹豫地下口了。

奥赛的岁月漫长，充满着艰辛与失败。我失败了，那种滋味至今难以言表，像是童话变成笑话，青蛙还没有变成王子便在温水里被煮死。恁多明媚温暖的阳光都能刺痛眼球，恁灿烂如花的笑容都暗含讽刺，可是那热爱的情怀召唤着我，昂起头，我又扎进了生物奥赛训练中。

我选择坚持下来，因为骨子里那份倔强和无法阻止的热爱！明白了出发的缘由，我更加一往无前地踏上了征程。我又在那间不大不小的教室里安下心来，把一本本辞典厚的教材一页一页地啃下来。每次看完一本教材，都颇有一种"以中有足乐者，不知放假之时不若人也"的满足感。

高二，我又一次参加了生物联赛。虽然差了两分与省级一等奖失之交臂，可是心中却尽是坦然与快乐，就像《小王子》里说的，"你为你的玫瑰花费了时间，才使你的玫瑰对你分外有意义"。我的玫瑰大概就是在几百个日夜里一点一滴浇灌出的少年的热血与爱吧。因为热爱可抵岁月长！

科技创新人才，是指高水平的科技领军人才和工程师、优秀创新团队和创业人才，是提高国家自主创新能力、建设创新型国家、提升国家核心竞争力的重要保障。在高中阶段，部分同学表现出非常好的创新思维能力和动手能力。学校为这一部分同学设立"科创实验室"和"机器人试验基地"，并配备专业指导老师。此外，为了更广泛地培养一中学子的创新能力，学校还将 11 月 10 日定为科技日，每年还会举行"科技创新大赛"，坚持"自己选题、自己设计和研究、自己制作和撰写"和"科学性、先进性、实用性"原则，积极引导学生参与研究性学习和科技创新实践活动。

近年来，60 余项青少年科技活动作品获全国、省、市级奖励。2010 年，我校代表队参加湖南省首届青少年机器人大赛，获得了全省第一名，全国第六名。在 2013 举行的第二届湖南省机器人大赛中，我校获得省一等奖。2017 年，郭润东等三位同学发明的智能捕鼠器，获湖南省机器人比赛金奖。

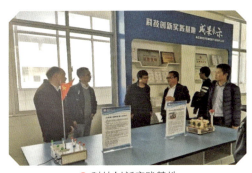

↑ 科技创新实践基地

用创新之光照亮孩子成才之路

虽然学习紧张，但湘潭县第一中学的周添阳同学最近一有空，仍往学校科技创新实验室里钻。明年初，他将与另一名同学代表中国赴美国纽约参加国际奥林匹克青少年智能机器人竞赛全球总决赛。今年 8 月，两人在中国赛区选拔赛中，荣获中学组机器人场地定向任务项目一等奖。这是学校加强创新教育取得的可喜成绩。

"要保持一颗对世界的好奇心"

周添阳现就读于湘潭县第一中学高二
1705班，个子瘦高，戴着眼镜，一提到机
器人似乎就有说不完的话。这是个爱动脑筋
的孩子，文化成绩好，对机器人也格外着迷。
说起这次获奖，他最大的感受就是"要保持
一颗对世界的好奇心，培养对科学的兴趣"。

↑ 齐学军校长在科技创新实验室

小时候，周添阳最喜欢的玩具就是积木，
他可以整个上午或下午沉醉其中，拼了拆，拆了拼。但"老按图纸拼，觉得没意思"，
一大堆积木经过他的摆弄后，总能拼成他想要的模样。

读小学时，周添阳接触到了机器人，从此对它产生浓厚兴趣。进入县一中，他发
现学校不只是看重文化成绩，对培养学生的创新能力也非常重视，创新氛围十分浓厚。
这里设有科技创新实验室，还配有专门的指导老师等，为像他这样的科技迷提供了良
好条件。这使得周添阳对机器人更加痴迷，成了实验室的铁杆成员。

"科技创新离不开实践的滋养"

今年55岁的何文芝是县一中通用技术课老师、湘潭市"科技创新园丁"。他说，
通用技术没有列入高考内容，这门课在很多高中不受重视，但该校却配足了老师，安
排了足够的课时。

见周添阳等同学对机器人兴趣浓厚，基础也不错，何文芝平时经常给予他们指导，
通过基本零件的搭建等，传授物理和编程等知识，训练学生的逻辑思维、空间运算和
动手能力。"科技创新离不开实践的滋养"，何文芝还经常带领学生搞发明创造，引
导他们将课本上的知识转化到实践中，大家变得更喜欢物理等学科了。

在参加今年国际奥林匹克青少年智能机器人竞赛中国赛区选拔赛之前，在学校的
重视和何文芝老师的指导下，周添阳和另一名同学杨永健组队，接受了更加全面而严
苛的训练。路线、位置、角度、速度、高度……两人认真研究比赛规则，精心设计机
器人，最终以出色的表现在角逐同一个项目的上百支队伍中脱颖而出。

"用创新之光照亮孩子成才之路"

创新是引领发展的第一动力。周添阳和杨永健的获奖得益于学校对学生创新思维
和创新能力的培养。开发校本课程、开展社团活动、举办校园科技创新大赛、组织参
与社会实践……该校通过一系列举措，引导学生关注社会、关注生活、关注科学进步，
从而增强时代责任感，拓展知识领域，树立创新意识，提高创新能力。

智能防洪装置、GPS定位纽扣、风动式灭蚊灯、自动翻转烧烤机、土豆自动切丝
设备……近年来，一批又一批的科技创新生力军在县一中校园掀起爱科学、勤钻研的

热潮，一项接一项的发明创造在同学们手中诞生，在省级、国家级竞赛中屡获大奖。该校办学影响力越来越大，迈向全省一流、全国知名学校的脚步愈加坚实。

湘潭县一中校长齐学军说："每个孩子都是天才，学校不能把他们'整'成庸才。我们要用创新之光照亮他们的成才之路。"

（2018 年 10 月 10 日发表在《湖南日报》上）

科学改变世界，创新引领未来
——在"2018 年全国科普日"湘潭主场活动启动仪式上的发言

/ 湘潭县一中周添阳 /

各位领导、各位老师、各位同学：

大家好！

我是来自湘潭县第一中学的周添阳，很荣幸能作为学生代表发言。在座的各位都知道，科学与我们的生活息息相关，当我们乘着飞机，坐着动车，用着 GPS，读着电子书刊，也许有那么一刹那，我们会深深地感激给我们创造了这种便利、带来了这种体验的科技工作者，是他们重新定义了我们的生活。也许我们也会从心底里萌发出一种想法：我能为这个世界的改变做点什么呢？

我想，如果你热爱科学，勇于创新，那么你一定能为这个世界的改变做点什么。怎样才能成为这样的人呢？我想跟大家分享我的两点思考和感悟。

第一，要保持一颗对世界的好奇心，培养自己对科学的兴趣。爱因斯坦说过，好奇心是人性当中一抹神圣而非常脆弱的幼苗，人人生而有之，你我他都有。但是，我们往往把它丢弃在了成长路上。大家应该都记得，小时候我们问得最多的是"为什么"，做得最多的是把东西拆散。我也不例外，记得我小时候最喜欢玩的玩具是乐高积木，我可以整个上午或下午坐在地上拼积木，拼了拆，拆了拼，不厌其烦。老按图纸拼我觉得很没意思，我喜欢根据自己的想象把积木拼成我想要的模样，这使我的想象力、创造力和动手能力都得到了很好的锻炼。读小学的时候我接触到了机器人，从此就对它产生了浓厚的兴趣，于是我成为了学校机器人社团的首批成员。起初我参赛的项目是"机器宝贝"，这是一种仿生机器人，其结构和原理都还比较简单，后来学校买进了中鸣机器人，它在结构和操作上都复杂了许多，我因此第一次接触到了编程，编程的神奇，让我立刻就迷上了它。随后，我连续两年参加了湖南省青少年机器人竞赛，都获得了金奖。成功的体验，进一步激发了我的兴趣，于是我在父母的支持下购买了乐高EV3机器人组件，在家自学拼装与编程。进入初中、高中后，我又多次参加了市级、省级、国家级的科技竞赛，有成功的喜悦，也有失败的教训，但不管成败，我都一直保持着对科学的热爱，并从中收获了很多。

伟大的科学家霍金曾说：无论生活如何艰难，请保持一颗好奇心，你总会找到自己的路和属于你的成功。同学们，保持对世界的好奇，培养对科学的兴趣吧，也许在不久的将来，我们都能为这世界的改变做点什么。

我想和大家分享的第二点感悟是，只有独具慧眼、求新求变，才能走在时代的前列。在座的各位，如果你拥有一台华为mate9，请为它的芯片骄傲一下吧，这个叫麒麟960的芯片是华为自主研发的，在绝大多数国家手机芯片仍然采用美国高通的时候，麒麟960已经在芯片测评中以五项测试四项第一的成绩超越高通。华为的成功启示我们：只有站在时代的最前沿，以独立的意识、长远的眼光和过人的胆识，求新求变，才能立于不败之地。企业如此，国家如此，个人也如此。阿里巴巴的创始人马云曾讲过这样一件事：阿里巴巴公司商讨新的发展规划时，如果这个规划有超过半数的人认同，他一定会毫不犹豫将其扔进垃圾桶。这是为什么呢？他说，一个规划有这么多人能支持，那么别人也一定能想到，别人能想到，那么就没有新意，没有新意就没有价值。也正是拥有这种创新意识，马云才能将阿里巴巴从只有几个门面的青年创业公司，发展成为拥有云计算处理能力的中国头号网购平台。

有同学也许会说，创新只有那些顶极聪明的人才能做到，似乎离我们很遥远。

其实，创新没有你想象中的那么困难。1995年，乔布斯在接受《连线杂志》的采访中说道："创新就是找到事物之间的联系。如果你问那些有创意的人是怎么做到某件事的，他们会觉得愧疚，因为他们并不是真正做到了某件事，而是看到了其中的一些关系。他们只要多观察一会儿，就会很快弄明白。因为他们能把自己过去的经验联结起来，造就出新的东西。"这样看来，人人有创新的潜能，处处有创新的契机，只要用心观察，善于思考，勤于动手，我们也能创造奇迹。

同学们，让我们放眼未来，心怀天下，永远对这个世界保持好奇，发展自己对科学的兴趣，以独立不羁的姿态、以创新求变的理念投入学习，探索未知。我坚信，在不久的将来，我们都能为科技兴国、创新强国的中国梦添上绚烂的一笔。

在最后，我想和大家分享一句话：只有那些疯狂到认为自己能够改变世界的人才能真正改变世界。

谢谢大家！

国防军事人才，是指捍卫国家主权、安全和领土完整，防御外来的颠覆和侵略，维护世界和平的拥有现代作战技术和作战能力的人才。他们是强军强国梦的重要保障。我校非常重视学生家国情怀的培养，鼓励条件过硬的学生立志报国，走向保家卫国的最前线。多年来，我校每年都有一大批学子走进了国防类大学深造，学成以后，成为国家安全、人民生命财产安全的保卫者。我校被评为"国防教育特色学校"，是湘潭市唯一获得此项荣誉的示范性高中。

贺先觉："国宝"人生写传奇

两鬓斑白，初心不改。火箭军某部原高级工程师贺先觉扎根高原36年，参与我国核武器研制工作，多次执行国家大型核试验任务。

先后获得国家科技大会重大科研成果奖、科技进步二等奖等荣誉，被原第二炮兵授予"献身国防科技事业的模范共产党员"荣誉称号。

他把最好的年华献给了核武器事业。

1964年从西北工业大学毕业后，贺先觉响应国家号召来到戈壁深处，加入研究核武器的队伍中。

↑ 1986年8月19日，贺先觉被授予"献身国防科技事业的模范共产党员"荣誉称号

在高原上，他与战友们一起，一面对抗恶劣自然环境谋求生存，一面废寝忘食投

入科研攻关。

1967年6月17日，是载入我国核武器发展史册的一天，也是贺先觉一生中的高光时刻。

作为主操作手，他参与了中国第一颗氢弹试验，负责爆炸前的最后一次调试。

随着倒计时归零，一朵蘑菇云挟雷裹电骤然升起，爆炸试验圆满成功。

一次核试验前，引爆控制系统出现故障，各路专家"会诊"了一整天也没找到问题根源。深夜里，大家仍在讨论分析，茫然焦急与阵阵困意一并袭来。

见众人一筹莫展，贺先觉大胆断言："可能是××部件出了问题。"一番分析后，专家们纷纷表示赞同，随即便按照他的思路找到了问题所在，顺利排除了故障。

这件事，令时任国防科工委副主任的张爱萍印象深刻。多年后，当他以军委首长身份接见全军英模代表时，一眼就认出了贺先觉："小伙子，我当时就认为你将来必有成就。"

从武器研制设计、生产试验到储存管理，贺先觉的工作几度调整。

那年，因任务需要，贺先觉成为中国第一个导弹器材储存管理基地的一员。转岗后，巨大挑战随之而来。

贺先觉工作的阵地设计建造于20世纪50年代，设施陈旧落后，有害放射性物质数值严重超标。

为使阵地适应国防现代化建设的需要，部队决心对阵地实施改造。

考虑到贺先觉的工作经历和丰富经验，组织上找他谈话，希望他能牵头这项工作。

在强辐射环境下工作，危险性可想而知。但贺先觉想都没想便接下了任务。"阵地改造是百年工程、是党的事业，总得有人去干，今天我带头！"

为了尽快完成既定目标，贺先觉带着攻关小组一头扎进阵地搞研究、做方案。经过10年艰苦努力，他们终于完成了相关升级改造工作，实现了阵地管理智能化、自动化、全程化，大批科研和管理人员从此告别长时间在有害物质污染区工作的历史。

阵地改造工程催生的一系列成果，也收获了众多奖项。

崇高的使命激励贺先觉带领革新小组不断向新目标奋进：成功研制节电装置，投入使用后每年节约电费2万余元；发明的温湿度传感器达到国内先进水平；在国内率先成功研制远距离有线遥控电视监视系统。

1987年7月，贺先觉在全军英模代表大会上作重点发言，其事迹被媒体广为宣扬。

（2019年9月19日由中国人民解放军官方发布）

一名航天人的担当是这样的

——海南文昌航天发射场工程建设指挥部工程师周湘虎的自述

（王婷　李宜衡　李张伟）

今年 38 岁的周湘虎，是海南文昌航天发射场工程建设指挥部的一名工程师。在参与我国新一代航天发射场建设时，因长期疲劳和强光刺激，导致他视网膜脱落，几近失明。可他放心不下倾注无数心血的工程项目，手术后重返工地，和战友们一起搭建起了长征五号、长征七号两型运载火箭的发射塔，用实际行动践行了一名航天人的担当。

11 月 2 日，长征五号运载火箭首飞在即。正在全力备战火箭首飞任务的周湘虎，忙碌之余给记者讲述了他的人生历程——

"坚持初心不改，追梦的脚步才会铿锵有力"

大学毕业那年，我怀着建功军营、矢志航天的梦想特招入伍，但没想到被分到了一个基层工程连队，心里落差不小。

直到第一次现场看火箭发射，我的触动很深。发射塔架下，"颗颗螺钉连着航天事业，小小按钮维系民族尊严"的醒目标语，更加让我震撼——我不就是一颗小小的螺丝钉吗？只要把自己紧紧拧在航天事业上，就一定能够发挥作用。

想到这里，我心里的落差也一扫而空。

2009 年，我成为海南文昌航天发射场的首批创业者。来海南之前，不少人劝我："去那里得从零开始，你图啥？"

我说，我的专业就是搞工程的，工程哪有不苦不累的，况且能够参与我国新一代航天发射场的建设，是一辈子可遇难求的机会。

过去对海南的印象是天涯海角、椰林婆娑、风景如画，但到了工地才体会到其中的艰辛。烈日晒得全身脱皮，暴雨说来就来，住的板房如同蒸桑拿，被蚊子叮得满身起包，屋里爬的蜈蚣有铅笔那么长，澡堂里还钻进过眼镜蛇……

发射场区有 1.6 万余亩，灌木荆棘丛生，沼泽滩涂遍布。我和战友们只能徒步穿行进行实地勘测，其间被蛇咬过，被蚂蟥蛰过，胳膊上被划出道道血印，脚上磨出的血泡一个摞一个。

尽管挑战和考验超乎想象，但我和战友们还是始终咬紧牙关，一步一步挺了过来。

"坚持担当不怠，小小岗位才能闪光发亮"

我是一名工程师，干的是工程施工现场管理工作。

我和战友们穿着迷彩服，戴着安全帽，每天一大早就上工地，一待就是一整天，还经常连夜赶进度……迷彩服磨破了四五件，鞋子扎了数不清的洞，夏天施工还经常得烂裆病。

2010年，发射场的重大项目接连开工。两个发射塔是我国大型运载火箭腾飞的"天梯"，是发射场最重要、最关键、最核心的项目，而我是两个发射塔架的现场管理代表。

面对深基坑高精度爆破、深基坑止水等一个个难题，我被折磨得"心神憔悴"。

2011年9月，发射塔导流槽进行混凝土浇筑。由于浇筑不能停下来，我连续30个小时铆在施工现场。有一天，我突然感到一阵剧痛，眼前发黑，等扶着钢筋缓过劲儿的时候，发现自己什么也看不见了。

医生诊断说，由于长时间受强烈日光照射、电焊弧光刺激和过度劳累，我的视网膜脱落，导致左眼永久失明，右眼视力仅0.04。

手术出院后，组织决定给我调换到室内工作。可我舍不得为之辗转千里而来的发射场，舍不得打下第一根桩的发射塔……

于是，我又重新回到了工地。这么多年，经我检测的钢筋达1.5万多吨，混凝土9万多立方米，钢柱焊缝9000多米，没有出过任何纰漏。

我想，激励我的就是"螺丝钉"精神：只要主动钻、使劲拧，紧紧铆在岗位上苦干实干，就一定能在平凡的岗位上作出不平凡的业绩。

"坚持创新不止，辉煌事业才能跨越前行"

如果说决策者和设计者是蓝图绘就者的话，我们工程建设者就是把蓝图一镐一锹、一砖一瓦、一步一个脚印变成现实的践行者。

发射塔虽然不是"高大上"的建筑，但从头到脚都蕴含着高科技。工程刚一开工，我们就碰到了"导流槽深基坑止水"难题。为了攻克这一难关，我和参建单位人员蹚在齐腰深的积水里，研究岩壁质地、测量渗水速度、搜集各种数据，终于创新探索出三轴搅拌桩和高压旋喷桩相结合的施工方法及工艺流程。

只要我们立足岗位、自强不息、拼搏进取，就能实现心中的梦想！

周湘虎
2016·10·29

在导流槽施工中，我们先后解决了超大体积混凝土浇筑技术，突破了耐火混凝土施工等瓶颈，成功实现了提高导流槽耐烧蚀耐高温度1000摄氏度以上的先进技术。

正是靠着一路的攻坚克难、勇于创新，我们突破一个个技术瓶颈。

发射场最常见的就是椰子树，它平凡普通，却全身是宝，四季挂果；它坚韧不屈，历经无数台风的侵袭而屹立不倒。

我觉得我们创业者就像那椰子树，把"扎根海岛，筑梦航天"的信念之根深深地扎在脚下的这片热土，历经风雨，才结出了文昌发射场的累累硕果。

有句诗写道，既然选择了远方，便只顾风雨兼程。我要说，既然选择了心爱的航天事业，我就无怨无悔。

（转引自 2016 年 11 月 2 日新华社报道）

社会人文类人才，指在人文学科有一定造诣以及在社会各类活动中有突出表现的人才。 在高中阶段，这部分学生表现为在语言、文史哲、艺术等方面有浓厚的兴趣，或者在学校内外各类活动中表现出很好的领导组织能力。学校同样也为这一类同学开拓学习资源，搭建展示和锻炼自我的平台，有意识地培养学生的责任担当、社会主人翁意识以及合作及领导组织能力。比如学校购买了大学慕课课程，开设选修课，让对文史哲等人文学科有兴趣的同学进行学习。学校放手让学生实行自我管理，校学生会、团委会几乎能够担当起学生出勤、卫生、纪律等方面的督促及评比以及校内学生活动策划、组织的重担。学校创办了国际模联、记者站、楚天文学社、音乐社、舞蹈社等近 20 个学生社团并配备专业辅导老师，同学们能够在每周的社团活动课上相互切磋、共同提升。成立了一中学生志愿者服务大队，让学生走出校门，融入社会之中，培养他们的责任担当、家国情怀与奉献意识。

2012 年年初，我校项忆晴、罗迪、曾岚林、吴尚泽等四位同学撰写了社会调查报告《"从整治'六乱'看湘潭市文明建设"》，这篇报告寄给市委市政府后，引起高度重视，市委书记和市长联名在湘潭日报头版头条回信并指示相关部门迅速落实。全国各主流媒体也纷纷转载或发表评论，对四位同学给出了高度评价，充分体现了我校当代学子勇于担当社会责任、积极参与公共事务的热情。

⬆ 项忆晴、罗迪、曾岚林、吴尚泽

❀ 四名学生致湘潭市领导的一封信 ❀

（湘潭县一中 罗迪 项忆晴 吴向泽 曾岚林）

为了美化市容环境，提升城市品位，建设文明湘潭，截至2012年2月1日，《湘潭市人民政府关于禁止"六乱"行为的通知》实施了近一个月，市容监督员主要采取教育和劝诫的方式。根据湘潭市城市管理委员会规定，自2012年2月1日起，市容监督员依法依规对违规之人实行罚款。

新政策的实施让全体湘潭人心生激动，可现实却让人发愁——三代都不一定能成就一代贵族，更何况区区一两个月的努力就想造就一个城市的文明。这谈何容易！所以针对2月1日的通告，我们怀着忧患意识，于2012年2月4日建设路口华隆步步高附近开展了关于整治"六乱"的实践调查。

经过调查了解，我们认为惩罚的手段是有必要的，这种恶习的根除也势在必行。湘潭市委对整治"六乱"的宣传教育工作从去年下半年就已开始，可见效速度太慢，违规之人为数众多。然而，自从2月1日起宣教变更为罚款，违规的市民大大减少，地面上也很少见到塑料袋、烟头、槟榔渣等煞风景之物，市容有了很大的改善。

可湘潭的城市治理水平与大城市相比毕竟有着十年的差距，况且目前还是这一罚款措施的实施初期，各个方面都有着许多不成熟的表现，城市管理还存在着不少漏洞。在我们平时的生活中也可以看到，有些斑马线已变得模糊不清，让许多市民不知道是否可以走；有些垃圾桶的一侧敞开，垃圾一旦增多就有可能掉到街道上，有损市容。

在调查和实践过程中，不少市民反映警示牌太少、市委的宣传力度不够。还有市民说，如果增设一些隔离护栏，乱穿马路的现象也会减少许多，管理也就容易了许多。

取得的成就让我们有了坚持不懈的动力，建设文明湘潭，要求我们必须将这一政策坚持下去，在不断深入中积累湘潭在城市管理建设方面自己的经验。当然，这期间存在的不足和漏洞也值得我们去思考，建设文明湘潭，要求我们必须不断尝试和改进，在不断完善中建立适合湘潭的城市管理建设方案。

现在，我们处罚是为了不罚，让处罚能够起到警示作用，争取做到"零违规、零处罚"。我们的城市需要经营、管理，处罚当然也只能是阶段性的。长治久安还须管理，不能把处罚变成唯一手段。

为什么我们的学校总是培养不出杰出人才？"钱学森之问"引发了全社会对教育的深思，促进了教育事业的改革发展。我校以建设创新型高中为愿景，创办了"钱学森实验班"，主要目的是弘扬"爱国、奉献、求实、创新"的钱学森精神，在培养拔尖创新型人才领域进行新的探索。

按照钱学森先生"大成智慧"的教育思想，结合新高考和新课程发展方向，学校构建了系统的"钱学森实验班"目标培养的课程体系，在按照国家课程标准开设各类基础课程之外，开发了具有特色的校本课程。一是整合初、高中课程。二是引进航天与科技研学资源，突出钱学森精神引领和"科学 (Science)，技术 (Technology)，工程 (Engineering)，艺术 (Art)，数学 (Mathematics)"（"STEAM"）课程群的作用。三是采取动态管理模式，实行小班化授课，推行学分制、书院制、导师制多制融合的育人模式。四是将通识教育 (素质教育) 和专才教育相结合起来，重点培养学生的系统集成能力、思维能力、实践能力和创新能力，以及具备可持续发展的自我学习能力。

《湘潭县一中关于申请创办"钱学森实验班"的工作相关介绍》

一 基本情况

钱学森，世界著名科学家，空气动力学家，我国载人航天奠基人，中国科学院及中国工程院院士，"两弹一星"功勋奖章获得者，被誉为"中国航天之父""中国导弹之父""中国自动化控制之父""火箭之王"，是为祖国和人民作出杰出贡献的享有崇高声誉的"人民科学家"。

钱学森始终将个人理想与祖国命运相结合。学生时代，他勤学精进，志在报国，树立"航空救国"的远大理想；留美期间，他潜心攻研，志在兴国，决心将所学用于祖国建设；突破重围回归祖国以后，他献身国防，志在强国，成就了"两弹一星"伟大事业；进入晚年，他老骥伏枥，志在富国，为国家和人民的利益倾注了毕生心血。"爱国、奉献、创新、担当"的钱学森精神是他留给中华民族的宝贵财富。

"钱学森实验班"是以其姓名冠名的创新教育平台，旨在弘扬钱学森精神，提升学生科技、人文等各方面素养，培养后备科技人才，同时也是对"钱学森之问"的解答尝试和探索。

2005 年，全国首个"钱学森实验班"在北京的海淀实验中学成立。之后，国内不少知名中学、高校陆续成立了"钱学森实验班"。截至目前，全国范围内设立有"钱学森实验班"的高中学校约有 50 所，大部分都是办学水平和声誉在本省市范围内具有重要影响力的学校，湖南现有一所，为浏阳五中。

2. 基础"实"，人才培养改革成效显著。

学校建校办学迄今七十余载，在县委、县政府的正确领导和大力支持下，通过一代代师生努力奋斗，取得了辉煌的办学业绩，教学质量与学校声誉持续领跑湘潭二十二年，打造了享誉三湘的知名教育品牌。学校是湖南省示范性普通高级中学、湖南省首届海军航空实验班承办学校、中国百强中学、全国国防教育特色学校、湖南省文明标兵校园、湖南省首届魅力校园、全国青少年校园足球特色学校，还是同时荣膺清华、北大直荐学生资质的全省六所高级中学之一。

学校坚持五育并举、全面育人的理念，注重"浸润""熏陶""养成""感染""培育"，培养了曹伯纯、刘光和、贺先觉等党、政、军高级领导干部和彭先觉等国家"两弹一星"功臣、两院院士，也走出了以北京航空航天大学机械学院材料加工与控制工程系主任齐铂金教授、北京同方飞骥科技有限公司董事长周泽湘为代表的一大批优秀科技人才，还走出了余桂林、黄寅等捍卫祖国领空的蓝天英雄。卓越的办学成绩说明湘潭县一中能把握人才培养改革方向，在课程建设、教学方法、学生考核方式等方面开展改革并取得积极成效。同时，学校在教学管理、校园文化、科技创新、体育竞技、艺术教育、德育工作等多个领域形成了独特的办学优势，可以为"钱学森实验班"的品牌运作提供各方面的坚实支撑。

3. 模式"新"，厚植英才成长土壤。

"钱学森实验班"旨在探索培养拔尖创新人才新模式，在学制安排上可以突破初中三年、高中三年的传统，灵活弹性安排。而湘潭县一中已在三年前开始了"2.5+3.5"的创新模式，整合初高中课程，最大限度发挥了培养效能。现已启动小、初、高贯通式培养模式，还将启动"书院制、导师制、学分制"的多制融合的育人模式，将通识教育（素质教育）和专才教育相结合起来。另外，湘潭县一中生源整体质量高，能够建立科学化、多阶段的动态进出机制，为优秀学生早成才、快成才提供制度安排。引进航天或高校资源，为学生成长助力。

4. 保障"优"，打造英才培养绿色通道。

一是为计划实施提供组织支持。湘潭县一中在县委政府和教育局的支持下，成立了由校长任组长的领导小组。

二是制度创新。学校能够以人才培养为中心推进制度创新，打造拔尖人才培养的绿色通道。

三是改革考核评价体系。学校已经启动考核评价方式改革，针对课程特点选择合理、科学的考核评价方式，健全能力与知识考核并重的多元化学业考核评价体系。

四是质量保障。学校选派本校优秀班主任和任课教师执教该班。

　　五是整合各类资源。在原有的"全霞讲堂"基础上，学校进一步整合"双一流"高校、优秀校友等各类资源，推进"一部两院"（海航部、学森书院、碧泉书院）建设，助力拔尖人才培养。

　　课程文化作为我校深耕教学认识论方面的重要理论成果，固然离不开课堂的实践运用与认识反馈。课程明确先进教学方向，而课堂打造活力教学阵地，在此基础上我校塑造了独具特色的课堂文化。

　　课堂文化是一种特殊的聚合化的文化，并带有一定的情境性，体现的是一种氛围，是一种人的精神气象，要从人的角度出发，体现对人的关怀与重视，建立在心与心的交流和沟通之上。正是因为这样的课堂，学生才能放开，放松地得到发展。在我校，课堂注重充分体现个性、人道主义精神，从而形成一种内在的素质聚合力，促进学生人格的形成。课堂文化在一定程度上展现了每个班级乃至整个学校的风貌、风气。

《"三 yú"理论》

　　课堂上，我们的老师紧紧围绕"三 yú"理论开展教学实践。所谓"三 yú"理论，即钓鱼理论、吃鱼理论与授渔理论。

　　钓鱼理论，是以钓"鱼"为例。首先钓鱼要准备钓具。作为教师要苦练内功，打造卓实的教学本领。钓鱼还需不断积累经验，作为教师在教学中亦是如此。其次要知道哪里有鱼可钓。作为教师应该明白知识点，找到教学的方向感，正所谓钓鱼有方向，教学有目标。教师通过确立详实的教学目标，有助于提高教学者教导的自觉性，同时也有助于提高受教育者学习的自为性。但目标的确定，也不能脱离社会实际与客观规律，淡水池里钓不出海鱼，老师教学目标的把握也要从实际出发，顺应社会生活发展潮流，把握学生身心发展规律。最后钓鱼钓的是一番心境。"孤舟蓑笠翁，独钓寒江雪。"作为教师也要有一颗孤独之心，能够经得起诱惑，守得住繁华，耐得住寂寞，以一颗平淡之心，循循善诱，终能钓大鱼，教好书！

　　吃鱼理论，强调吃鱼过程中，不能只吃中间，鱼头和鱼尾都有营养。在教学过程中，作为教师不能仅仅依托知识大框架，还需要在知识大框架中找到知识的"营养点"。所谓知识的营养，不仅仅是知识的应试之用，可以包括教师围绕知识点的感发阐述，有助于帮助学生开拓思路，提供新的思考方向，可以包括知识点在生活中的应用之处，

帮助学生用所学知识回馈生活，还可以包括教师的人生感悟，教学的最终目的还是培养人。正如苏霍姆林斯基所言"教育，这首先是人学"，我们不能用冷冰冰的知识点去武装学生，还应该加入生命与生活的温度。把握鱼头和鱼尾的营养点，是每一个优秀教师的必察之处。

授渔理论，脱胎于《淮南子》"授人以鱼，不如授人以渔"。强调教师在教学过程中要传授方法，要讲清为什么，不但要使学生知其然、知其所以然，还要知其何为知其所以然。除科学文化基础知识之外，也更应该帮助学生掌握基本技能与技巧，充分发展学生的体力、智力、脑力与创造才能；帮助学生在学习的同时，能够自主思考，如孔子所言：学而不思则罔，思而不学则殆；帮助学生在获得知识的同时，也能够将其融入自我生活与社会实践之中，做到知行合一。

"三yú"理论从生活小事入手，以小见大，正如老子所言"治大国如烹小鲜"。治校治学亦是如此，我们强调充分发挥教育智慧，形成一种富有生命的、有效的课堂，体现出对生命的理解、关怀与尊重。

因此，我们的课堂，是互动合作的课堂。我们的课堂文化既包括了师生间的互动对话练习，也包括了生生间的相互沟通、共同探究。在课堂教学的过程中，教师是课堂教学的组织者，组织课堂教学，推动师生互动和生生互动，使班级形成一股自由对话、相互合作、相互交流、共同探讨的良好学习风气，让他们在自主自由地探讨中，互帮互助。

因此，我们的课堂，是教师专业成长的课堂。我们的课堂文化中强调，课堂是教师专业成长的重要基地，教师的专业成长离不开课堂。课堂之于教师犹如水之于鱼，天空之于鸟一般，离开课堂谈教师专业成长无异于缘木求鱼。所以，我校始终以课堂为基地，以抓好常规课，上好展示课、汇报课为主阵地，通过对课堂的研究提升教师的专业素养。

因此，我们的课堂，是有目标的课堂。我们的课堂文化是一种紧紧依靠学生的内驱力，发展学生的学习天性，释放学生的个体潜能，达成自主学习的目标，实现自我发展的教学文化。我们的课堂教学，都围绕着三维目标的实现和达成，不仅强调学生获得认知方面的发展，而且力求使学生在学习过程中得到乐趣。融知、情、意、行于一体，兼顾认知、情感和技能多种教学目标的协同达成，十分注重人际交往的技能目标。

因此，我们的课堂，更是因材施教的课堂。我们的课堂文化，倡导人本教育，教学目标定位于全体同学，在和谐、平等的教学互动中，既顾及了全面，又照顾到个体。在课堂教学中，以学生的自我提高和发展为出发点，突出学生的主体的作用，不避实就虚、不"满堂灌"，让学生自己学习、钻研。由于学生的个体差异也存在，对于不同的学生，在课堂上，教师尽可能地为学生提供自我选择、自我探索、自我思考、自我创造、自我表现和自我实现的空间。同时，学生在课堂上和课本上学到的知识是有限的，仅凭教师的每一次45分钟课堂进行教学是远远不够的，课堂上更多的的时间应留给师生共同解决学习困难、研究学习课题和探索知识奥秘。尤其是那些后进生，要引导他们克服学习困难，解开学习的心结，带领他们进入到博大的知识领域里学习、探索，让他们自我探索、自我思考、自我表现。他们越有机会表现自己，就越会更加积极地投入到课堂教学活动中来，从而主动把握机会，争取机会，甚至创造机会，提高自我，完善自我。

总之，在"三yú"理论的引导下，我们的课堂真正实现了教学相长的目的。

第二篇
明星校园

苏霍姆林斯基说："教育，这首先是人学。"而学校，必然关乎人，一所好学校，固然明星荧荧，光熠四方。

而数风流人物，还看我校。三千年人文底蕴，塑造我校人文品格，而七十五载春风化雨，更是谱写了一个又一个教育佳话。桃李满天下，春晖遍四方，自离不开每一个优秀且卓越一中教师的辛勤付出。十九任卓越校长把舵一中，带领我校数次飞越。数百位优秀教师深耕教学，铸造我校教学奇迹。而昔日求学之少年，也已是母校今日之荣光，带着一中人的精神，耕耘在各行各业，奋斗在祖国广袤的大地上。

卓越铸就卓越，优秀成就优秀，这种优秀与卓越的精神，一代又一代一中人记在心上，薪火相传，创造辉煌。

优秀教师代表

一中的老师，是有生命质感的，因为他们拥有足够的职业敏感和超强的洞察力。一花一世界，一叶一菩提。在他们的眼中，一切皆与教育有关，一切都是教育的鲜活资源，生活就是教育的源头活水。他们乐于探究，思考深入，善于捕捉生活中的细节，放大细节的美，找到教育的突破口，发现教育的魅力。

齐学军

中共党员，湘潭县第一中学校长，湖南省五一劳动奖章获得者，湘潭市优秀专家，湖南省特级教师，数学高级教师，第六届全国未成年人思想道德建设工作先进工作者，湘潭市优秀教育工作者，湘潭市第五届人大代表，湘潭市数学学科带头人，湘潭市数学协会理事长，湘潭县首届高中数学名师工作室主持人，湖南省初等数学研究会副理事长，湖南省首届"未来教育家"培养对象，"教育家"孵化对象，"中小学卓越校长领航工程"培养对象。

齐学军长期从事高中数学教学与研究及学校管理工作，形成了其"勤奋·共情·科学"的师德风范，始终践行"卓实"教育的育人理念。齐老师的教育理想是让每一个学生卓越成长，让每一个老师都成为好老师，让学校美誉长存。曾培养了以湖南省高考文科状元黄芳为代表的一大批优秀学子。先后在《湖南日报》《湖南教育》《中小学德育》《数学教学》《中学数学》《教师》等刊物发表文章多篇，主编过《好题》《高中数学新课程同步导学》等多本参考书，出版专著《高中数学思维教学研究》。主持省规划课题"农村高中卓越数学教师专业成长研究"，参与全国教育科学规划课题"中学数学建模习题研究"并获省一等奖，参与湖

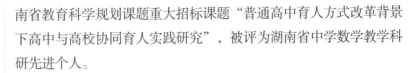

南省教育科学规划课题重大招标课题"普通高中育人方式改革背景下高中与高校协同育人实践研究"，被评为湖南省中学数学教学科研先进个人。

杨红

中共党员，中学语文特级教师。1967年12月生，大学本科学历，1988年参加教育工作，先后担任过班主任、教研组长、教务处副主任、主任，2002年起至今任湘潭县一中副校长。

主要荣誉有：2001年获评湘潭市"三八红旗手"；2001年湖南省优秀教师、省级骨干教师；2006年被评为湘潭市优秀德育工作者；2008年至今当选为湘潭市、县教育学会语文学会理事长；2009年被授予"湘潭县劳动模范"光荣称号；2010年被授予"湖南省劳动模范"光荣称号。

肖正章

湘潭县一中副校长，湘潭江声实验学校党委书记、董事长，正高级教师。湘潭市物理学会理事长，湘潭市、县中小学名校长工作室主持人，湖南省教育学会初中分会副会长，湖南省中小学管理专业委员会湘潭区域负责人。被评为全国教育系统先进工作者、湖南省劳动模范、湖南省骨干教师、湘潭市优秀校长、湘潭市科学技术类优秀专家，入选湖南省第二批教师培训师培训对象，被评为湖南省优秀国培专家。

韩健

中学语文正高级教师。2002年被评为"湘潭市十佳青年教师"，记三等功。2003年晋升中学高级教师。2006年成为湘潭市首批骨干教师。从教32年，"春梦未随双鬓改，童心犹似少年痴"。她是资深班主任，注重班级德育氛围的建设，所带班级都积极向上，成为校级、县级、市级先进班集体。多次承担公开课和示范课，得到省、市、县专家和同行的高度评价，辅导多名学生参加作文赛、演讲赛获得好成绩，并辅导学生在校报和其他刊物上发表多篇文章。

韩老师爱好演讲、朗诵、写作，是学校"经典诵读"活动和"书香校园"活动的积极宣传者和重要参与者。2015年，她将教学教育随笔与演讲稿汇集，出版了个人专著《琥珀》，获得湘潭县 2019 年度教学成果奖。时光流逝，韩老师依然热爱她的事业和学生，依然追求提升自我、完善自我，带领少年们徜徉在语文的花园，陪同孩子们成长在美丽的时代，乐此不疲。

贺勉之

1990 年毕业于娄底师专，当年分配到湘潭县四中，1995 年调入湘潭县一中，2004 年担任化学教研组组长至今；2004 年获高级职称，2019 年获中小学正高级职称。

她坚持"以人为本，立德树人"的教学理念，工作踏实认真。曾被评为市学科带头人和市级骨干教师，省优秀教研组长。作为班主任，贺勉之老师具有独特的班级管理方法，很富爱心，曾经帮助十多名经济困难的学生走出困境，考上理想大学，多次被评为县市优秀班主任。有丰富的教学经验，驾驭课堂能力很强，历次教学测评满意率达 100%，优秀率达 95% 以上，在教学工作中取得了显著成绩，所教学生学考合格率均为 100%，所教班级高考化学成绩列全市第一。

何艳红

中学语文正高级教师。2018 年至今担任湘潭县一中工会副主席、教务处副主任。

从教 30 年来，她一直在班主任的岗位辛勤耕耘，注重树立团结向上的班级氛围，关爱学生，因材施教。任现职以来所带的 6 个毕业班，升学率和人均分均居学校乃至全县全市的第一名。2004 年、2016 年、2019 年送了三名学生到清华大学深造，获得了学校首届"卓越人才贡献奖"。

作为资深历史老师，何艳红老师注重教学效率，课堂氛围活跃，教学技术娴熟，课堂效率高，在学校组织的对教师的民意测评中，满意率均为 100%、优秀率均在 95% 以上，经常被学生评为"最受欢迎的老师"和"最受欢迎的班主任"。能独立承担教学教研任务，多次承担公开课和示范课，多次在媒体介绍历史、文综的教学经验，得到省、市、县专家和同行的高度评价。

何立军

2003年，受一中委派，任湘潭江声实验学校副校长。作为"体育教学一线的坚守者、德育管理工作的躬行者、文学创作的追求者"，2018年9月获得"湖南省特级教师"荣誉称号；2018年12月被评聘为中小学正高级教师。先后获得湖南省"优秀教师""优秀社会体育指导员"，湘潭市"优秀教育管理者""新天地园丁奖"及优秀教师、体育骨干教师及学科带头人等称号。

何立军在体育教学、家庭教育、德育管理、教育督导等方面有突出的研究成果，湖南省教育电视台、湘潭电视台、湘潭日报等媒体进行过相关报道。先后出版个人专著《江流有声》《孩子，你永远是我的牵挂》。2019年，和肖正章合著《督导有声》。10多次聘为国培专家，为全国、省、市国培成员或体育骨干教师及班主任授课。

陈树根

1963年4月出生，中共党员，中学高级教师，物理学科奥赛金牌教练，系湘潭县一中高76班校友，1983年参加工作，先后在麦子石中学、湘潭县九中任教，1991年9月调入湘潭县一中。先后担任初高中物理教师兼物理奥赛教练、教研组长、班主任、教科室主任、教务主任、招生办主任、总务主任、工会主席，现任校长助理兼校友联络办校友基金办主任。从教38年来，陈树根老师深受学生欢迎，任教的学生中有14人获省级奥赛金牌，被省物理奥赛委员授予"金牌教练"。所教学生中有38人录取北大、清华。因教育教学成绩突出多次被为县级优秀班主任、县青年教师标兵、县市优秀教师。2006年被市委组织部评为"湘潭市骨干人才"，2009年被市委组织部评为"湘潭市优秀专家"，2010年被评为"湘潭市优秀教育工作者"，2015年被评为"湘潭县五一先锋"，2018年被评为"县级劳动模范"。

五大学科竞赛金牌教练

　　长期以来，学校致力于卓越人才的培养。我校有一支精干的奥赛教练队伍，他们用自己的思想引领孩子，通过学科竞赛，培养了一批批对自然科学感兴趣的学生，他们为培育卓越人才呕心沥血，且立下汗马功劳。同时，奥赛钻研的路上，师生共同铸造了"金牌精神"——感恩、自主、自强、锲而不舍、勇于进取、勇攀高峰，这是师生一生受用的精神财富。

张耀辉

　　高级教师，数学学科竞赛金牌教练，湘潭市数学学科带头人、优秀援疆教师、优秀班主任，曾被中共湘潭县委、湘潭县人民政府授予优秀教师称号。

　　作为数学老师兼奥赛教练，他坚持钻研教材，积极参加教研教改，在历次教材变化时，他都能尽快地学习新教材，把握新理念。他始终认真备好每一堂课、认真上好每一堂课，以对每一个学生负责的态度教学，他的课每期都受到学生的好评，他教的班级均名列年级前茅，所教的学生中有陈实等十人考入北大和清华。在教学中，他因材施教，对于对数学有兴趣且基础好的学生，组织进行数学奥赛培训。在2006到2011年数学奥赛中，指导的学生陈实获省一等奖，刘凯、郭飞、陈俊等多人获省二等奖，多人获省三等奖。

　　作为班主任，他面向全体学生，教育学生做有益于社会的人，培养学生乐观向上、团结友爱的优良品性。

　　作为备课组长或教研组长，他经常指导新进青年教师，无私地把多年的教学经验毫无保留地教给他们，使他们尽快成长，如我校的曾国安、谭立新等一大批数学骨干教师的成长都离不开他的倾心指导。

张欣荣

数学，在一般人的潜意识里，是枯燥乏味的，而数学之美却让数学大师们如醉如痴，高斯曾把它比喻为科学的皇后。英国著名的数理逻辑学家罗素指出："数学，如果正常地看它，不但拥有真理，而且也具有至高的美，正如雕塑的美，是一种冷而严肃的美。"我国著名数学家华罗庚教授也说过："认为数学枯燥乏味的人，只是看到了数学的严谨性，而没有体会出数学的内在美。"

作为一个中学数学教师，我醉于数学那如"幽谷之兰"的清香，痴于数学那如"偏隅之梅"的芬芳。说实话，我也曾经历数学竞赛的"痛并快乐着"，"痛"来自于无知，"快乐"自然还是源自于数学的魅力，一起成长的学生，有多人荣获数学竞赛一等奖，也有极看好的认为要获奖却最终没有拿奖的学生（现在他就职于清华大学丘成桐数学工作室）。站在讲台上的日子不多了，然而故事仍将继续……

曾国安

1995年湖南师范大学本科毕业后，在湘潭县一中工作至今。2005年被评为高级教师，2006年起连续两届被评为湘潭市骨干教师，2009年起负责行政工作，先后任政教处副主任、教务处主任、总务处主任，同时也兼任了年级部主任和班主任，是享誉莲城的数学金牌教练，优秀教师、优秀班主任和年级部主任，深受广大学生、家长和社会人士好评。

从2010年起至今一直担任年级部主任，担任了2011届、2014届、2016届、2019届四届年级部主任，这四届学生的高考成绩都非常突出，所教学生先后有28人录取了清华、北大；从1999年开始连续担任班主任，基本上都是带奥赛班（创新班），所带的班级在高考中也取得了优异的成绩，例如：2011年所带的325班有张益萌等六人录取清华北大，2014年所带的384班有吴尚泽等五人录取清华北大。

连续辅导四届学生参加全国高中数学联赛均取得优异成绩，其中2004年有214班周新同学，2007年有262班唐斯侃（全省第七名）、唐三（全省第九名）两位同学，2010 年有 325 班张益萌同学，2013 年有 384 班王堃同学均荣获湖南省赛区一等奖。

赵锦春

物理奥林匹克竞赛是培养物理学习兴趣、发现和培养物理人才、普及物理教育的有效途径。

寄语学生：物理奥林匹克竞赛注定是一条不平坦的路，选择在这条道路上坚持前行的物理竞赛生们不仅是智者，更是勇者。

奥赛教程、黑白皮、程书、高妙、专题精编、难题集萃、题选、试题选、国培……这一长串字符对物理竞赛生而言并不只是充满难题、令人头大的竞赛书籍，同时也是关于这段奋斗岁月最好的纪念章，它们将共同见证你在人生最美好的年华用超出同龄人的毅力与勤奋所锻造出的物竞荣耀。

物理竞赛的本意是筛选最优秀的高中生，一名优秀的高中生绝不仅是知识和技能出众，更重要的是要拥有一颗强大的内心，足以应对所有的挫折与挑战。物理竞赛凭借其独特魅力吸引诸位物理竞赛生大胆踏上这段旅途。我相信有朝一日，当诸位走到这段旅途的终点，回首之时你将会感慨这是你一生中最美好、最幸福、最无悔、最精彩、最阳光、最激情的岁月，会由衷感激物理竞赛带给你的欢笑泪水。

李启亮

物理奥赛金牌教练，中学物理高级教师，湘潭市骨干教师，湘潭市物理名师工作室成员，湘潭市物理学科研究核心组成员，湘潭县学科带头人。曾获湖南省"教学能手""湘潭市优秀教师"等荣誉称号，在"一师一优课"活动中连续两届获教育部优课，论文获国家级奖励 2 篇、省级奖励 12 篇，实验创新获湖南省特等奖，主持国家级课题 1 个，带领团队参加湖南省集体备课大赛获省一等奖。

李老师从 2012 年开始接触高中物理奥赛，注重学生自主学习的培训，提倡"教练功夫下在背后，在必要的时候能对学生进行点拨，能解决学生的疑难，能对学生进行有成效的指导"。不仅在知识上教授学生，更在精神上鼓励学生，让学生不仅在思维上有深度，在心理上更强大。先后有谢天佑、成星、田佳冀获全国联赛一等奖 3 人，有谭瑞林等 29 人获全国联赛二等奖，获省级奖励 35 人。

周义湘

中共党员，中学一级物理教师，湘潭市、湘潭县物理骨干教师，湘潭县一中教师发展中心主任。曾获湖南省第九届青年物理教师说课比赛一等奖、湖南省中学理化生教师实验创新总决赛二等奖，2012 年 10 月至 2014 年 7 月，所主持的课题"高中物理'两型'概念课、习题课理论研究及实践探索"获市级优秀课题。2012 年起至今一直担任奥赛主教练，所指导的学生在第 31 届、34 届、37 届全国中学生物理奥林匹克竞赛中先后有 3 人获省一等奖，23 人获省二等奖。

担任奥赛教练多年，周义湘老师形成了自己的风格：在队员的确定上，坚持"实力 + 兴趣 + 勤奋"的原则，竞赛队员必须要求三者兼具；在内容的学习上，坚持目标与计划的统筹，要学什么、该学什么、什么阶段学什么，都会提前制订好详细的计划，按部就班，稳步推进；在培训的过程中，坚持陪练与陪伴相结合，能胜任的做好队员的陪练，不能胜任的或者是外出培训期间就做好队员的陪伴，总之做到了对队员兴趣的激发、对队员动力的保持、对队员潜力的发掘，使培训效果最大化。

李长坤

2001—2013 年化学奥赛总教练。在带队参赛中，李老师积累了丰富的经验。他认为，化学的研究对象是物质，通过缤纷多彩的物质、用途各异的物质、千变万化的物质以及神奇的实验现象来激发和培养兴趣。他科学定位培训目标是进省集训队，多拿省化学奥赛一等奖，将获奖的学生推进全国一流名校。培训中，他充分调动队员的积极性和主观能动性，形成你追我赶的竞赛氛围的同时，让队员分工获取信息，分知识点出模拟训练题，从而得到全面提高。

谭美玲

高级教师，化学学科奥赛金牌教练。从事高中化学教学 30 多年，指导培训两届化学奥赛，共有 5 名学生获全国化学奥林匹克竞赛湖南赛区一等奖。

谭老师认为，竞赛选手应该具备以下特点：一是专业基础知识扎实，二是能跨学科用数学方法、物理原理等巧妙结合化学知识来解决化学问题，三是解决问题的综合能力强。在选拔选手时，她特别看重"有学习天赋""有浓厚的学科兴趣""有刻苦钻研精神"三个方面。培训中，重点落实四个关键点：一是系统培训学生掌握学科奥赛应具备的专业知识，构建好系统的知识结构。二是精心选编试题，以题目为载体和学生一道探讨解题方法和技巧，开发智力，训练思维，构建思维模式，以适应不同题型及其相关变化。三是建立 3 人学习小组，及时布置任务，组长负责（组长轮流），老师指导，经过钻研讨论、表达交流、解决疑难、反思整理等程序，养成良好的思维习惯，提高团队合作意识，培养过硬的思维品质、创新能力及愉悦的共情能力，充分调动学生学习的主动性、积极性，通过同学间相互交流取长补短，相互促进，共同进步。四是重视非智力因素的开发，关注学生身心健康，利用课余时间带领学生开展健身、娱乐等活动，如爬山、跑步、打球、看电影，偶尔也玩玩游戏，保持愉悦的学习状态。

李新宇

"笃行不怠，白首方坚，不负韶华育英才；十年饮冰，难凉热血，甘为人梯铸师魂"，这便是湘潭县一中化学学科金牌教练李新宇老师的写照。他曾获"湘潭市骨干教师""湘潭市优秀班主任""中国化学会奥赛培训先进个人""湘潭市首届化学名师工作室成员""县杏坛之星"等荣誉称号；参加湘潭市首届业务理论考试荣获化学科第一名，2010 年所带化学奥赛学生肖孟延获省一等奖，2013 年所带化学奥赛学生吴尚泽、李思勤、周乐胜、黄兆轩等 4 人获省一等奖，为学校卓越人才的培养作出了应有贡献。

李教练根据多年的化学奥赛培训工作提炼出了自己的方法：

1. 慧眼识才，选好选手。进入高一的第一周就摸好底，选拔对学习化学奥赛感兴趣的、今后致力于化学方面研究的、化学基础较好的同学，初步确定人数在 40 人左右，经过 2~3 个月培训，测试淘汰，最后确定人数 12 人左右，正式组建化学奥赛团队，这个团队必须稳定在 10 人左右。

2. 科学规划，系统整合。根据奥赛考纲要求、奥赛的时间，分阶段确定学习任务。哪些内容是我们自己能解决的，哪些内容是需要借助夏令营、外出培训才能解决的，要全面规划。

3. 考练结合，自学为主。化学奥赛知识相当大一部分是大学知识，学生对知识的学习很大一部分是通过老师指导学生自学，掌握知识的一条重要途径就是通过考练、老师评卷、学生集体讨论，充分发挥团队的作用，取长补短，共同进步、提高。

4. 激发热情，全面呵护。化学奥赛知识的学习过程是一个枯燥乏味的过程，教练要多关心学生的思想、生活、学习，多陪伴，充分调动学生的积极性，使学生一直保持好学习化学的热情。

5. 培养好教练团队，我们一中的化学教练团队是一支团结协作的团队，资源共享、信息共享，传承积累了丰富的资料和经验。

丁益民

中共党员，一级教师，高级教师，化学学科奥赛金牌教练，湘潭县一中教务处副主任。曾获湖南省片段教学赛课一等奖、湖南省"化学实验创新'微课'视频"评比二等奖、湘潭县杏坛之星赛课一等奖等多项荣誉。

2018年开始担任化学竞赛主教练，指导的学生葛陆燚在第34届全国中学生化学奥林匹克竞赛中获省一等奖，4人获省二等奖。作为年轻的奥赛教练，丁益民老师有自己的观点：一是化学竞赛选手首先要对化学学科有浓厚的兴趣，将化学及相关专业作为今后培养的方向。二是竞赛选手要具备勤奋、自律、坚忍不拔等精神。三是，教练要给队员做好整体规划，合理规划无机、有机、结构、分析四大块内容的学习，学考结合，根据考试结果，及时调整学习策略。四是校内外培训相结合，将校内学习期间不能解决的问题收集整理，外出培训时及时找专家答疑解惑。培训中，教练也要一起参加培训，及时了解动向！

莫立强

中国共产党党员，研究生学历，中学高级教师。该同志专业素养过硬，专业情操高尚，教育教学实绩突出，曾先后辅导学生参加全国生物奥林匹克竞赛联赛获省一、二等奖二十余人，多名学生考入北大清华，2006年荣获湖南省中学生物奥赛优秀教练称号。他认为，奥赛之路是艰辛而又枯燥的，教练应与选手共同进退。当选手遇到瓶颈时，要想方设法解决，相信坚持就是胜利。

他辅导生物奥赛时，首先带领选手把初中、高中生物教材及教参（含选修）搞透彻，第一次把书本知识往外延伸。然后带领他们吃透《中学生物奥赛教程》《普通生物学》；接着要求学生根据个人兴趣，有选择性地学习《遗传学》《生态学》《微生物学》《植物生理学》《动物生理学》《植物分类学》《动物分类学》等大学教材，增加对《奥赛教程》《普通生物学》的再认识再理解，有些难懂的章节还要请大学老师辅导；最后是搜集近五年奥赛真题、大学教材习题集、大学教材考试试题，通过做题勤练习。

罗放粮

男，中共党员，高级教师，生物学科奥赛金牌教练。曾辅导张婧、龙振宇等学生在全国中学生生物学联赛中获湖南省赛区一等奖、二等奖、三等奖等，多次被评为中学生生物奥林匹克竞赛优秀辅导教师一等奖。教学严谨、求实、创新、高效，课堂气氛活跃，教学互动性强，备考经验丰富，教育教学成绩突出，所带学生多人考入清华、北大、中科大等。

兴趣是培养一个人的坚持力、观察力、动手力的根源，意志坚韧者，方可随其志，做一个在求知路上永不满足的人。在通往成功的路上，我们不能懒惰，勤奋是一场持久战，要靠毅力来坚持自己的信念。不论何时，一个成功者总是从梦想开始，只有经历过失败后，成功才更加完美，学习亦是如此。回望在奥赛中取得佳绩的学生，他们的成功均建立在源源不断的兴趣与孜孜以求的勤奋之上，才能在无边的知识海洋里猎取到真知，开拓知识领域，叩开成功之门。

宝剑锋从磨砺出，梅花香自苦寒来。我相信：只要大家付出辛苦和汗水，厚积而薄发，就一定能获得成功。

方喜珍

湘潭县一中生物教研组长，从教18年来，课堂教学自成风格，教育教学理念与时俱进，在学科建设中起到了引领作用。先后参加湖南省和中南六省现场教学比赛获一等奖第一名，2020年辅导我校学生参加全国中学生生物奥赛获一、二、三等奖14人次。

方老师以崇高的使命感和责任感，把奥赛培训工作作为爱的事业来做，在自己平凡的岗位上默默耕耘，用自己的学识和努力为学校卓越人才工程增砖添瓦。奥赛培训工作形成了自己的方法和特色。一是选好苗，所选学生一定要对生物学科有浓厚的兴趣，为学生的终身发展奠定基础，建议他们将来大学学医或生物工程的有关专业优先。二是制订详细计划并执行落实到位，长远的规划，学生要有数，教师也要提前备好课，对历年的生物联赛真题，知识点，教师都要尽可能研究到位做到高效课堂化繁为简，并有针对性地结合学习内容准备好练习和考试试题，让学生及时了解自己的不足。三是陪伴，因为生物奥赛涉及十几本大学教材，学生听课后还必须去细读巩固。这是一个枯燥乏味的过程，这就要求老师多陪伴，以身作则，多想一些办法，提高学习的兴趣。

吴卫兵

1992 年参加工作，2004 年调入湘潭县一中，2007 年担任生物奥赛教练。

主要的培训方式：

第一轮：以普通生物学为教材全面讲解，讲完每一章节做一部分习题。第二轮：讲授大学教材，以学生自学为主。重点知识点教师讲解，一起讨论。第三轮：考练结合。按考试要求出题，教师全批全改，与学生一起分析讨论。分数以表格的形式呈现，以便学生及时对照。

并参加湖南师范大学组织的奥赛培训或其他机构组织的培训，让学生开阔视野，也便于了解其他学校的奥赛选手。同时，适当的实验培训，有利于学生掌握实验方法和掌握知识。

主要成绩：2009 年朱宗成同学获省奥赛一等奖，多人获奥赛二等奖和三等奖。

张勇平

"三尺讲台洒心血，金霞杏坛绽芬芳，不畏浮华遮望眼，愿作春泥更护花。"这，便是我校生物学科金牌教练张勇平老师的写照。他曾获"湘潭市优秀教师""湘潭市优秀班主任""市感动莲城模范教师""市教学能手"等荣誉称号；参加中小学教师基本技能竞赛获市一等奖；2010 年所带生物奥赛学生胡恩、唐博伦等 2 人获省一等奖，2013 年所带生物奥赛学生廖琛获省一等奖，2019 年所带生物奥赛学生楚昊、李剑凡、陈文钊、陶晓晴、伍思仪等 5 人获

省一等奖。张教练以崇高的使命感和责任感，把奥赛培训作为爱的事业去奉献，多年如一日，在自己平凡的岗位上默默耕耘、无私奉献，用自己的学识和智慧撑起了县一中生物奥赛的昨天、今天和明天，推动着学校"卓越人才工程"不断跃上新台阶。

多年的奥赛培训中，他走出了自己的特色：一是选苗，所选学生一定要对生物学科有浓厚的兴趣，而且我建议他们将来大学可优先选择学医或生物工程等有关专业；二是谋划，从一开始培训起就要有长远规划，哪一段时间完成什么教学任务学生要有底，教师要提前制订好学习计划。且对历年的生物联考知识点教师都要了解，这样教学便有针对性；三是考练，每完成部分教学内容，一定要进行练习和考试，让学生及时了解自己的不足；四是陪伴，因生物奥赛涉及十几本教材，学生必须去细读，这是一个枯燥乏味的过程，这就要求老师多陪伴，多想一些办法提高学生学习兴趣。

郭良玉

中共党员，高级教师。1986 年毕业于湘潭师范学院（现称湖南科技大学）。1996 年调入湘潭县一中，先后担任信息技术教师，信息技术教研组长，网络中心主任，信息中心主任，年级部支部书记，督导室主任。现任湘潭市、县中小学信息技术名师工作室主持人，湖南省政府采购专家评委，中央电教馆数字图书馆测试员。长期从事信息技术教学、奥赛培训、中小学电脑制作、创新大赛、科技创新教练、教育信息化管理等工作，成绩优良。2001 年至 2007 年指导的学生参加全国信息奥赛联赛获一等奖 1 人次，二等奖 11 人次，三等奖 6 人次。主持并完成省 "十三五" 规划重点资助课题 "互联网+智慧校园建设"。2013 年起担任全国首创、湖南唯一的 "互联网+省督导评估湘潭县一中平台" 技术总负责人，得到了省教育厅的充分肯定，此平台在全省推广使用。郭良玉老师曾被评为湘潭县优秀骨干人才、湘潭市师德标兵、湘潭市教育技术先进个人。

董胜平

1996 年毕业于湖南工程学院计算机专业，2007 年于湘潭大学取得计算机本科文凭，学士学位。1999 年至 2008 年，董胜平担任我校信息技术奥林匹克竞赛教练，辅导学生参加全国青少年信息学奥林匹克联赛。信息技术科目不需要进行高考，学校同学对于高考科目的学习有很大压力，家长、班主任有时候会担心影响学习影响高考，但是在董胜平的引导和关心下，信息学竞赛租的同学们没有影响学习，信息技术奥赛也取得喜人的成绩。2005 年，指导贺钧同学获得省一等奖，并取得高考加 20 分，保送 "985" 名校的资格，为我校、我县争得了信息技术奥赛的首块金牌。另有李红亮、鄢成龙、徐乃夫、王向、侯实夫、邓宣颖、彭福凯、罗思远、石晓明等约 30 人分获省二、三等奖。

许俊文

中共党员，一级教师，信息技术学科奥赛金牌教练，湘潭市中小学信息技术学科带头人，湘潭市教师培训师，湘潭县一中信息教研组组长。

曾担任 2004—2012 年湘潭县一中信息学奥赛教练。2005 年培养学生贺均、2007 年培养学生邹天宇获得信息学奥赛省一等奖（贺均同学获得高考保送资格，邹天宇同学获得 20 分加分资格）。在培训中，他坚持五个 "注重"：一是注重培养学生的信息学竞赛思维力；二是注重保护好学生的学习兴趣，提高学生的学习积极性；三是注重基础知识，并培养学生的发散思维；四是注重培养学生的自学能力，擅长激发学生的求学欲望；五是注重细节，及时帮助学生总结。

优秀校友代表

校友不仅是学校历史的见证者，更是学校传统的传承者。建校以来，5万余名优秀毕业生从这里走出，践行着"祖国在我心中"的校训，活跃在祖国的各行各业，抒怀壮志：这里培养了曹伯纯、刘光和、杨光荣、贺先觉等各级党政军领导干部，彭先觉等国家"两弹一星"功臣、两院院士，也走出了齐铂金、刘波、肖涌等优秀科技人才，周湘虎、罗瑾琏、周俊武、刘可安等专家、教授和高级工程师，周泽湘、郭磊峰、刘清海、陶国锋、毛超平等商界精英，还输送了余桂林、黄寅等蓝天守卫者。

在海内外享有盛誉的杰出校友始终彰显着母校"激扬生命，奠基人生，成就梦想"的办学理念，成为推动当今经济建设和社会发展的中坚力量。他们诚怀感恩之心服务于祖国，服务于社会，服务于大众，以出色的业绩为母校赢得了崇高的社会声誉，为新一代一中学子树立了人生楷模。更让人敬佩的是，那些默默无闻坚守在国内外各行各业基层的校友，以辛勤的劳动为国家和社会做出了重大贡献，成为构建祖国大厦的基石和支撑民族精神的栋梁。他们的业绩和成果让我们倍感欣喜，他们恪尽职守、奉献社会、报效国家的精神更是让我们深受感动和鼓舞。

这里刊载的仅仅是其中的部分知名校友，目的在于展示学校办学成果，团结广大校友，传承一中精神。

姚世全

初6班校友。毕业于天津大学，第一批享受国务院特殊津贴的专家。先后担任国家质检总局标准司司长、国家电子信息技术专家、北京市人民政府专家顾问团顾问、深圳市信息化建设首届专家委员会委员、湘潭市人民政府经济科技顾问。

曹伯纯

初 23 班校友。湖南株洲人。曾任中共广西壮族自治区党委书记、广西壮族自治区人大常委会主任、第十届全国人大环境与资源保护委员会副主任委员、第十一届全国人大环境与资源保护委员会副主任委员。

贺先觉

高 1 班校友。1959 年 7 月毕业于我校，1964 年 7 月毕业于西北工业大学，同年分配入伍，1972 年加入中国共产党。历任技术员、工程师、高级工程师，1999 年 7 月被授予少将军衔。他一直从事核武器研究试验管理工作，先后获得 1 项国家科技大会重大科研成果奖、2 项科技进步二等奖、3 项科技三等奖，曾被评为全国优秀共产党员、全军英模，为十三届全国人大代表。

彭先觉

高 1 班校友。中国工程院院士，核物理学家，第十届全国政协委员。曾任九院九所科研组长、科研室主任、九所副总工程师、副所长，曾兼任原国防科工委核试验专家组组长（两组长之一），1995 年调任院副总工程师科技委副主任，1999 年起任院科技委主任，同年当选为中国工程院院士，2002 年任总装备部科技委兼职委员。

刘光和

高 20 班校友。1968 年毕业于北京林学院林业经济专业并分配到青海省工作。先后担任中共青海省委常委、青海省副省长、水利部党组成员、中纪委驻水利部纪检组组长、中纪委驻民政部纪检组组长。

曾石泉

初 38 班、高 23 班校友。中国摄影协会会员、中国新闻摄影协会理事、中国艺术摄影协会会员、深圳长和投资有限公司副董事长、深圳摄影家协会会长。与著名摄影家吕厚民老师共同举办过《伟人、山河》《江山如此多娇》摄影展，出版过《山河》摄影画册。在中国摄影家协会成立 50 周年活动中，被中国摄影家协会授予"突出贡献摄影工作者"。

马才镇

高 23 班校友。湘潭县白石乡人。1969 年加入中国共产党。高中毕业后考入第四军医大学，毕业后一直在部队工作至退休，曾任文职二级，技术三级主任医师。他在为军民救死扶伤服务中和科研教学等方面均取得一定成绩。荣立二等功 1 次、三等功 2 次，获评为部队服务"先进个人"等荣誉。

李海林

初 41 班、高 29 班校友，空军大校。入伍后飞过多种机型，安全飞行达 5000 小时，航迹里程能绕地球两圈半，是团里首批运八航测机领航员、首批夜简夜复教员、四种气象领航教员和兼职航空理论教员。其间，荣立二等功 1 次、三等功 4 次，获空军安全飞行银质奖章，嘉奖数十次，他曾出色完成了长江三峡、中苏边界、中印边界、中缅边界、北京地区、新藏公路、东南沿海大会战等不同比例尺的航测任务 30 多次；在飞机上首创西藏 1：10000 大比例尺的我国航测新纪录，他还多次参加人工降雨、科研试飞和空投救灾等急难险重任务，为部队建设和航测事业做出了突出贡献。

郭应斌

初 56 班校友。1982 年和 1988 年，因政绩突出，先后两次荣立二等功。多次带领部队参加湘鄂两省抗洪抢险，尤其是任舟桥团团长和舟桥旅旅长期间，不怕困难，不畏艰险，顽强拼搏，出色地完成了多项急难险重任务，2002 年被评为湖南省抗洪功臣。2004 年被授予少将军衔。

齐铂金

高 73 班校友，北京校友会会长。教授，博士生导师，中国机械工程学会焊接学会理事，现任北京航空航天大学机械学院材料加工与控制工程系主任。负责完成过国防科技预研项目、国家

863计划项目、北京市自然科学基金项目、国防科技重点实验室基金项目、神舟号载人航天飞船返回舱焊接工艺装备的研制以及横向合作等多项课题的研究工作。所研制的新一代飞机导管安装感应钎焊设备通过了国防科学技术成果鉴定，并已在我国重点型号飞机生产中获得了成功的实际应用，取得了显著的效益。

罗瑾琏

高73班校友。现为同济大学经济与管理学院人力资源管理教授，博士生导师。中国人才研究会人才学专业委员会常务理事，曾任中国人力资源管理大奖组委会专家委员及分会主席、华润三九医药股份有限公司独立董事及薪酬委员会主任等。曾获上海市科技启明星、上海市优秀青年教师、上海市科技人员特殊津贴、首届亚太地区杰出人力资源教育精英奖等称号或奖励。

刘曙光

高75班校友。国家千人计划学者，中南林业科技大学特聘教授、博士生导师。美国地质勘探局地球资源观测与科学中心资深首席科学家和学科领头人（2008年起），美国南达科达州立大学地理信息科学重点中心教授（2004）、美国国家学院国家研究委员会高级学者及博士后导师、美国宇航局土地覆盖与土地变化项目科学组成员（1999—2002，2008—2011）、"北美碳项目（NACP）"量化干扰活动中期综合分析研讨会模拟小组主席、美国地质勘探局第三届模拟大会组委会成员（2009）、美国地质勘探局数据综合集成科学委员会成员（2009年起）、西非土壤与生物体固碳工作会议碳估算和模拟培训教授、中国科学院和国家外国专家局创新团队成员、中国科学院生态环境中心客座研究员（2009—2014）。

萧力争

高75班校友。湖南农业大学教授，高级农艺师，高级评茶师，农学博士。现任湖南省茶叶学会理事长、湖南农业大学教育部茶学重点实验室副主任、茶叶研究所常务副所长、湖南省茶叶产业技术体系岗位专家、安化黑茶研究院院长、农工民主党湖南农业大学委员会副主委。主持或参加各类科研课题20余项，

发表论文 50 余篇，主编或参编专业教材和著作 8 部，主持制定安化黑茶国家标准 2 项，湖南省地方标准 13 项，获得国家发明专利 4 项。获国家科技进步二等奖、湖南省科技进步一等奖等奖项。

周泽湘

高 82 班校友。北京校友会副会长。硕士研究生，EMBA；2010 年至今，任北京同有飞骥科技股份有限公司董事长兼总经理。曾任中国计算机学会第四届外部设备专业委员会副主任委员，并于 2004 年、2005 年连续两年成为《存储在线》"存储企业家"获奖者，2005 年荣获"中国 IT 渠道精英"。

杨光荣

高 83 班校友。西南财经大学财政系财政学专业毕业，研究生学历，经济学硕士。历任长沙市天心区委书记、长沙县委书记、湖南省旅游局局长，张家界市委书记、湖南省人民政府副省长，现任安徽省政府党组成员、副省长。

周俊武

高 84 班校友。博士研究生学历，教授，现任湖南师范大学校党委副书记。曾任湖南师范大学团委书记、校长办公室主任、党委办公室主任、校长助理、纪委书记、副校长等职。先后发表《关于高校行政公文规范化的思考》《论曾国藩的忠孝观》等多篇论文，出版《实用文秘电脑》等著作。

张绍红

高 85 班校友。毕业于南京农业大学。扬州大学兼职硕导，国际木材解剖学家协会 (IAWA) 会员、全国进出境植物有害生物鉴定专家，现为南京维安检疫处理公司常务副总经理。长期从事木材及其制品、林木有害生物、检疫处理研究，主持或参与完成国家级、省部级课题 10 项，出版专著 6 部，研制国家标准 4 项。被中国木材与木制品流通协会授予中国木业三十年功勋人物。

胡扬

高 85 班校友，东莞校友会会长。中国人民解放军国防科技大学硕士研究生，高级工程师，硕士生导师，广东大仓机器人科技有限公司董事长。2017 年 2 月，由胡扬董事长团队研发出品的智能机器人"莞莞"，携手它的伙伴"机器人"与"博士"团队演唱《彩云追月》亮相央视 3 套"群英汇"节目现场，以主持人身份与央视著名主持管彤联搭档对答如流、灵活应变，萌倒了现场观众。

胡湘之

初 71、高 95 班校友。现任株洲市政府二级巡视员，市委副秘书长。曾先后担任攸县副县长、攸县县委常委、攸县组织部长、攸县县委副书记兼县纪委书记、攸县县委副书记、攸县代理县长兼县纪委书记、攸县县长、攸县县委书记、醴陵市委书记。

朱光葵

高 98 班校友。湖南时代阳光药业股份有限公司创始人、董事长。湖南省人大代表。公司秉承"正道而行，唯善唯德"的价值观，深耕大健康产业，大力发展中成药，研发膳食补剂、健康食品等科技新品。公司积极响应医改号召升级药品配送服务，创办了"雅馨药房"等零售连锁药房。同时致力于医药行业的教育、培训及人才培养，坚持以人为本，相信员工，帮助员工，成就员工。遵循"心中有爱，只想您好"的利他精神，让患者以最小代价解除病痛，使他们享受健康带来的快乐！

刘清海

高 99 班校友。现为佛山市名洲纺织有限公司董事长。名洲公司以"全心全意提供高质量的产品与服务，不断自我完善，保持在行业中领先地位"和"保护自然环境，合理利用资源，造福子孙后代"的质量方针和环境方针作为经营信条，目前公司占地面积 5 万余平方米，设计生产能力为年产高档针织成品布 12000 吨，总投资额在人民币 1.8 亿元以上。

王凤翔

高 99 班校友。1986 年考入中国人民解放军第一军医大学（现为南方医科大学）六年制本科医疗系，1992 年毕业分配到解放军总医院工作至今，目前是国内知名眼底病专家（享受师职干部待遇），眼科博士，共发表专业论文 30 余，篇获军队科技类奖励 2 项，负责完成科研课题 2 项。

刘永珍

初 74、高 102 班校友。现任湘潭市副市长、党组成员。曾任雨湖区监察局干部，共青团雨湖区委书记，共青团湘潭市委副书记，湘乡市委副书记，湘乡市纪委书记，湘潭市雨湖区委副书记，湘潭市雨湖区区人民政府区长，湘潭市雨湖区委书记等职。

夏云海

高 102 班校友，北京大学公共管理硕士学位。历任海军某部研究员、中宣部政策法规研究室调研二处处长、中宣部对外推广局副巡视员、内蒙古自治区兴安盟副盟长、自治区扶贫开发办公室(革命老区建设办公室)副主任(挂职)等职。2020 年其家庭获"全国文明家庭"称号。

贺宇

高 104 班校友，中山大学管理学博士，现任广东省人民政府国有资产监督管理委员会党委副书记、副主任。曾任湖南省湘潭电机厂助理工程师，广东省人民政府办公厅综合一处、二处科员、综合二处副处长、办公厅秘书处处长，东莞市副市长。

张自英

高 107 班校友，硕士研究生。现任南宁市副市长，马山县委副书记、县长，苏博工业园区管委会主任（兼），一级调研员。历任广西壮族自治区南宁市市委组织部副部长，南宁市青秀区区长，南宁市人力资源和社会保障局局长、党组书记，南宁市青秀区委副书记、副区长、代区长等职务。

谢成鸿

高 110 班校友。中国顶尖的游戏制作人及技术架构师，现任中娱在线董事长兼首席执行官。作为中国网络游戏的开拓者之一，他是原中国大陆三大休闲游戏平台之一"可乐吧"的创始人，中国图形休闲网游和三维大型动作网游的先行者。

主要成果荣誉有：2003 年赛迪网 "中国游戏风云人物"、2004 年"中国 10 大游戏创业者"、2007 年"中国游戏行业新锐人物奖"、2010 年"中国游戏行业新锐人物奖"。

韩维

高 111 班校友。海军航空大学教授，航空宇航科学与技术学科带头人，博士生导师，大校军衔。他入选军队"学科拔尖人才"，是海军航空领域著名专家，担任中国航空学会舰载机分会委员兼总干事。

1988 年以我校高考第一名的成绩考入海军航空工程学院并参军入伍。他主要从事飞行器动力学与飞行安全、飞机使用与保障、飞行人才培养理论等科研和教学工作。曾牵头组织"舰载机动力学与飞行安全"和"舰载飞行器使用与保障工程"两个学科方向，助力海军航空研究领域和高端人才培养向舰载方向转型，推动飞行员培养向青少年航空实验班延伸。

迄今，他已培养博士 15 名、硕士 22 名，主持课题 30 余项，曾出版专著 1 部，发表论文 80 余篇；获国家科技进步二等奖 1 项，军队科技进步一等奖 1 项、二等奖 4 项、三等奖 8 项；3 次荣立"三等功"；2010 年获"海军优秀青年"称号。享受国务院"政府特殊津贴"及军队优秀专业技术人才一类和二类岗位津贴。

董波

高 111 班校友。毕业于上海交通大学金融专业，现为深圳市工商联常务理事、深圳云之梦科技虚拟试衣创始人兼 CEO。有多年服装领域生产、外贸、电商工作经验，曾创立自有服装品牌。云之梦科技是从事 3D 数字技术研发与运用的国家高新科技企业，多项技术处于国际国内领先水平，在业内享有盛誉。

王文杰

高 111 班校友。地图学与地理信息系统专业，硕士生导师，理学博士。现为中国环境科学研究院研究员，环境信息科学研究所所长。主要从事区域生态评价与规划、环境遥感应用研究。近 10 年来，先后承担国家科技支撑计划、省部级科研项目近 30 项，发表论文（含专著）60 余篇（部），曾获国家、省部级科技奖 8 项（其中国家科技进步奖二等奖 2 项，环保部环境科学技术奖一、二、三等奖各 2 项），是中国环境科学学会第二、三届"青年科技奖"获得者，环保部"十一五"科技先进个人。

周水庭

高 111 班校友，福建校友会会长。厦门理工学院机械与汽车工程学院院长，机械与汽车工程应用技术研究所副所长，湖南大学硕士生导师，福建省汽车工程学会理事，福建省高新技术企业评审专家，厦门市技术创新技术改造项目咨询评审专家，厦门市知识产权人才库专家厦门环境保护机动车污染控制技术中心股东会董事。主要从事汽车安全、车辆动力学、机械设计及理论等领域的科学研究和教学工作。先后主持国家自然科学基金项目、福建省自然科学基金项目、福建省教育厅产学研项目、厦门市科技计划项目、厦门市重点产学研计划项目、企业横向课题、以及校级科研课题 8 项，参与完成各级各类纵横向课题 15 项。出版专著、教材 6 本；在国内外主要刊物上发表论文 20 余篇；获得国家发明专利 3 项，实用新型专利授权 33 项，外观专利 1 项。

杨新林

初 78 班、高 112 班校友。1988 年考入南开大学，先后于 1992 年和 1995 年在该校的化学系和高分子所取得了理学学士和理学硕士学位。1998 年于中国科学院化学研究所获得了理学博士学位。1999 年 2 月至 2003 年 3 月，先后赴日本国山形大学工学部和美国杜兰大学进行博士后研究，主要开展了功能高分子合成的研究。2003 年 6 月至今，在南开大学高分子所任副教授。

刘可安

高 113 班校友，1994 年毕业于同济大学工业电气自动化专业，同年进入南车株洲电力研究所工作，教授级高级工程师，现任中车时代电气总经理。近年来，他主持和参与国家和省部级科研项目 20 余项，发表专业论文近 30 篇，为 3 项国家标准和 1 项铁道标准的第一起草人，拥有专利 9 件，先后获湖南省劳动模范、中央企业"青年岗位能手"和"知识型先进职工"、湖南省第八届青年科技奖、詹天佑铁道科学技术奖、第四届湖南省优秀专家等荣誉称号；获得国家科技进步奖 1 项，国家专利金奖 1 项，省、部级科技进步奖 10 项，南车科学进步奖特等奖 1 项；在核心期刊上发表论文 10 余篇，获得专利 10 余项。

毛超平

高 113 班校友。中飞物流有限公司董事长，湘潭县一中长沙校友会会长，我校"玉兰奖教、奖学基金"的发起者和组织者。湖南中飞物流有限公司是一家专门从事航空货物运输、汽车快运等业务的综合物流企业。注册资金 500 万元，在长沙市区中环线杨家山、黄花机场、高桥商贸城设有三个营业网点，在广州、深圳设有两个分公司，总营业面积达 3000 平米；拥有自己的电子商务网站、TIS 物流信息处理系统和湖南中飞 OA 办公平台的建设，能实现所有货物网上即时查询。连续多年被黄花机场货运公司评为"航空货运核心代理人"。

唐立新

高 114 班校友。笔名唐朝，湘潭县石鼓镇花楼村人氏，1989 年毕业考入北京广播学院（今中国传媒大学），获该院本科和硕士学位。1999 年进入中央电视台经济部，后转入国际部和社教中心。目前主要从事中国文化地理纪录片的拍摄，曾出版《中国传奇》一书。

唐风

高 114 班校友。字永华，湖南湘潭人。1989 年高中毕业后，结业于中国国家画院姜宝林工作室。现为九三学社湖南省书画院副院长，湖南省诗书画院副院长，湖南湘楚书画社副社长，湖南省九歌书画院艺术家，长沙市美术家协会创作中心主任，湖南省美术家协会及湖南省花鸟画家协会会员，湖南省中国画学会、湖南省湖湘文化交流协会及长沙市美术家协会、长沙市花鸟画家协会理事。

他主攻山水，兼擅人物、花鸟、篆刻。其作品墨彩交融、构思奇特，于传统与现代之间探寻一条全新的创作之路，追求大雅、雄浑之艺术格局。

吴宪远

高 116 班校友。北京师范大学数学系博士，巴西圣保罗大学概率统计研究生，博士后。现任职于巴西圣保罗大学数学与研究所。主要研究概率论与数理统计、渗流与随机复杂系统。

周力

初 81 班、高 116 班校友。中共党员，高级工程师、国家注册咨询工程师。1994 年毕业于上海交通大学电子工程系通信工程专业，后一直从事移动通信网络规划研究及设计工作，现任湖南省邮电规划设计院有限公司副总经理。先后主持完成了湖南省 GSM 移动通信网、湖南电信 PHS 无线市话网、湖南电信 CDMA 移动通信网等重大项目的规划设计，获得 1 项国家级优秀工程咨询成果、10 多项部省级优秀工程咨询成果及优秀工程设计。

胡勇军

高 118 班校友。1990 年考入南开大学，2000 年博士毕业于中国科学院大连化物所，2000—2003 年在以色列希伯来大学从事博士后研究，2003—2006 年在美国科罗拉多州州立大学担任博士后研究员和专职研究员。2007 年回国工作，在华南师范大学任教授、博士生导师。现为教育部重点实验室副主任，广州市重点实验室主任。

胡教授在激光光谱、质谱分析、纳米探针、生化传感等技术领域有很深的学术造诣，共主持国家自然科学基金项目 6 项，合作主持国家重大科研仪器研制项目 1 项，获教育部留学回国人员启动项目资助，并主持广东省和广州市科研项目多项，科研项目总经费 1000 万元以上。已发表高水平学术论文 SCI 收录 80 余篇，获授权发明专利 5 项以上，多次获华南师范大学科研先进工作者称号。

陶国锋

初 86 班校友，毕业于南华大学，现任江苏朗道生物技术有限公司董事长、苏州校友会副会长、江苏省湖南商会副会长。2019 年 9 月捐赠 50 万元用于学校图书馆设备及书籍的添置。

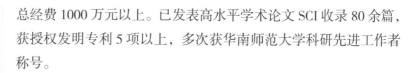

胡俊军

初 93 班、高 139 班校友，湘潭县一中北京校友会副会长兼秘书长，获法学学士学位、公共管理硕士学位。中考成绩全县第一名。高中期间连续两届担任学生会主席。1995 年加入中国共产党，成为我校改革开放以来第一位学生党员，同年保送至北京航空航天大学。大学毕业后，先后在中国航天空气动力技术研究院（中国航天科技集团第十一研究院，原中国航天 701 研究所）、二十一世纪国际学校、新东方教育科技集团、同有科技、朴新教育科技集团等单位任职。现任京师妙笔智能科技股份有限公司副总裁。

刘波

高 139 班校友，2005 年从中科院计算技术研究所计算机系统结构专业博士毕业后，一直在北京控制工程研究所从事空间计算技术和产品的研发工作，目前是研究员、博导、集团计算机学术技术带头人、工信部空间计算机系统团队带头人。参与了载人、探月、北斗导航等多个空间计算机研制任务，获得国家技术发明和科技进步奖各 1 项，其他省部级奖项 4 项。

肖湧

高 141 班校友。浙江校友会会长。国家"青年千人计划"学者，国家磁约束聚变能发展计划首席科学家浙江大学物理系聚变理论模拟中心教授。1999 年毕业于北京大学技术物理系，同年进入美国麻省理工学院核工程系学习。2006 年毕业并获得博士学位。2006 年 10 月加入加州大学尔湾分校林志宏教授组进行博士后研究，从事大规模数值模拟湍流输运的研究，有着丰富的大规模聚变等

离子体物理模拟的经验，对磁约束聚变等离子体物理的理论和大规模计算机模拟研究中的若干重要问题作出了领先世界水平的原创性贡献。

郭磊峰

高 142 班校友，湖南湘潭县人，华东师范大学学士，英国威尔士大学硕士。现任宇业集团副总裁、江苏省湖南商会副会长。主要从事与管理和投资相关工作，曾先后担任安徽宇华房地产开发有限公司副总经理、总经理、集团投资部经理、集团财务总监、集团董事局秘书、集团副总裁。

周湘虎

高 146 班校友。中共党员。中国人民解放军某部地面设备站工程师、总装某部工程师。长征 5 号、长征 7 号两型火箭发射工位施工现场的管理负责人。2010 年被指派为我国海南航天发射工位施工现场的管理负责人。因为工作过度劳累视网膜脱落致视力残疾，虽经及时治疗，但左眼永久失眠，右眼裸眼视力仅 0.04，自强不息的他，克服微弱视力的困难，他严格管理工程质量，积极创新工艺技术，成功破解多项工程施工难题，多项成果在新发射场建设中得到推广应用，加快了工程建设进度，为国家节约资金近千万元，为海南发射场工程建设做出了突出贡献。2013 年 12 月，他倾注心血的 2 项重大工程项目如期验收成功，均被评为全军质量安全检查优秀项目，他获得了"感动基地模范人物""基地践行核心价值观模范""重大专项工程建设先进个人"等荣誉。2014 年，周湘虎被评为"全国自强模范"，荣立一等功。2016 年，被评为"全国向善好青年"并受习近平主席亲切接见。

刘攀

高 146 班校友。2000 年毕业于原武汉水利电力大学，2005 年获武汉大学工学博士学位。武汉大学教授，博士生导师，院长助理，国家自然科学基金委"优秀青年科学基金"获得者。从事水库群联合优化调度、水文模拟的教学研究工作。主持 5 项国家自然科学基金项目，2 项国家科技支撑计划子（专）题等纵向研究课题；主持和参加三峡工程等多项横向生产实践课题。发表 SCI 论文 40

余篇，授权发明专利 10 余项。获评 2015 年湖北省技术发明一等奖（个人排名第一）、2013 年教育部科技进步二等奖（个人排名第一），2013 年湖北省科技进步一等奖（个人排名第五）、2014 年霍英东基金会青年教师二等奖、2014 年湖北省"科技创新源泉工程"创新创业人才、2012 年武汉大学"珞珈青年学者"、2011 年教育部"新世纪优秀人才支持计划"等。

黄合来

高 148 班校友。中南大学教授、博士生导师，交通运输工程学院副院长，城市交通研究中心主任。获天津大学学士学位、硕士学位及新加坡国立大学博士学位、美国中佛罗里达大学博士后。研究方向为道路交通安全城市交通规划、智能交通系统。2010 年受聘中南大学"升华学者"特聘教授，创建中南大学城市交通研究中心，组建了一支立足湖南服务中国国际水平的交通科学研究团队。主持完成长沙、常德、益阳、衡阳、佛山等多地市政府委托的交通管理与规划设计相关项目 10 余项。

毛卫国

高 150 班校友。2006 年获"材料物理与化学"专业博士学位，2012 年破格晋升教授和博士生导师，2014 年度湖南省自然科学基金杰出青年基金获得者。一直从事军民两用关键功能涂层薄膜材料的设计、破坏机理、性能评价以及特殊试验装备研制。先后主持和完成教育部项目、国家自然科学基金项目、总装备部预研重点项目等，相关成果已应用到我国航天航空企业、国防武器型号研制，并获得军方总体研制单位的高度评价。2016 年获第十五届霍英东青年教师奖。

马登科

高 154 班校友。2002 年毕业于清华大学物理系并获得学士学位。2009 年获约翰霍普金斯大学医学院神经科学博士学位，研究哺乳动物神经生物学。2014 年前在麻省理工学院生物系做博士后，利用线虫进行代谢和基因功能相关的研究。现为加州大学旧金山分校任助理教授。在 Cell、Science、Nature、Neuroscience 和 Neuron 等国际顶级刊物发表论文多篇。主要研究方向为生理性自

体稳衡机制，目前重点关注动物对环境中物理化学信号变化所做的反应。2016 年获美国斯隆研究奖神经科学奖。

马胜前

高 160 班校友。南佛罗里达大学化学系副教授，2008 年在美国俄亥俄州迈阿密大学取得博士学位，2008 年至 2010 年，他获得美国能源部阿贡国家实验室校长博士后奖学金（Director′s Postdoctoral Fellowship），2010 年就职于南佛罗里达大学至今。其研究方向为多孔材料如 MOFs、POPs 和 COFs 的制备、性能与应用研究。他作为助理教授在南佛罗里达大学化学系建立并领导独立课题组从事先进多孔材料研究，于 2015 年提前被授予终身教授。获得的主要奖项包括：2008 年美国化学会无机化学分会青年化学家奖、2009 年国际纯粹与应用化学联合会青年化学家奖 2014 年美国科学基金会 CAREER Award 和 2015 年南佛罗里达大学杰出研究成就奖。

谭熠

高 160 班校友。清华大学副教授，博士生导师。1999 年升入清华大学工程物理系，2009 年获得清华大学工学博士学位。2011 年至今，在清华大学工程物理系任教。目前主要从事磁约束受控核聚变的教学、实验研究、工程技术开发和新概念核聚变方式探索等工作，是中国首个球形托卡马克装置 SUNIST 及其升级装置 SUNIST-2（在建）的负责人。近年来，承担了 10 多项国家、部委以及其他机构的研究项目，发表 SCI 论文数篇，获得发明专利授权近 10 项，其中 1 项发明专利进行了成果转化并联合创建了一家科技型企业。

肖阳升

高 175 班校友，2001 考入北京大学。

寄语学弟学妹：人生中有很多关键节点，中考基本决定了上什么样的高中，高考基本决定了上什么样的大学，而应聘工作基本决定了过什么样的人生。这不是决定论，而是从统计学角度得出的结论。其中尤其是高考（包括填志愿）带来的杠杆效应最强——可以通过比较小（三年真的很短）的努力获得非常大的平台性跃升。所以请同学们认真对待，好好努力，别错过了宝贵的机会。

唐耀

高 176 班校友。2001 考入清华大学经济管理学院。

寄语学弟学妹：观其大略，成竹在胸。每门每章的考点、难度、题型、分值，掌握程度、能拿几分，务必随时了然于胸。追求精熟，逐个攻克。未掌握的知识点，定好时间计划，由易到难、由大到小，按顺序逐一集中大量练习，逐一攻克。可得必得，不留遗憾。已攻克的知识点，每次考试务必全对，零失误相当于比平均失误率多得 10 分，大致可提升年级排名 10 位。

齐先国

高 179 班校友，湖南省湘潭县中路铺镇天螺村人。2001 年考入中国青年政治学院经济学专业，后获中央财经大学国际贸易专业，获经济学博士。现为中国航天科工集团有限公司党群工作部副部长、集团公司团委书记。2018 年当选为中国共产主义青年团第十八届中央委员会委员。他在企业经济管理、党建工作等方面具有一定研究和实践经验。

王建

高 191 班校友。湖南省湘潭县茶恩寺镇东三村人。现为文昌航天发射场指挥中心副站长。2003 年他以优异的成绩考入国防科技大学，并完成了本科、硕士和博士学业。面对中心相关技术难题，王建主动请缨，数百个日夜的艰苦攻关，汗水终于凝结出了成果，最终实现了系统的国产化，摆脱了文昌指挥控制中心某平台的国产化自主创新陷入僵局、沿用国外的系统的被动局面。"坚定航天报国志向，坚定航天强国信念，弘扬航天精神，创造更多中国奇迹！"这是王建当前的座右铭。

程志文

高 191 班校友，2003 年考入北京大学计算机系，硕士，现就职于中国证券登记结算深圳分公司。

寄语学弟学妹：学习是自己的事情，以往的学习对自己以后发展帮助很大，要主动学习；课堂时间是整个高中学习阶段最需

要把握好的时间，上课时积极思考，跟上甚至超越老师的思路，取得的效果绝对比自己课后取得的要好很多；学习紧张之余也需要注意身体锻炼，健康的身体是一切的支柱；最后就是不急不躁，保持好的心态应对一切挑战。

谭果

高191班校友，2003年以优异的成绩考入北京大学微电子学系。2007年8月入职中国兵器北方广微科技有限公司，从事非制冷红外热像仪读出电路研发工作，主要负责读出电路整体架构设计、数字时序电路的设计与实现、探测器的调试与改版。

寄语学弟学妹：理工科学习一定要理解各个专业术语，理解概念的含义和适用范围。反映在高中学习就是弄清楚术语、定理和定律的定义、成立的条件。到了大学以后，对概念的理解更重要了。因为没有时间去做大量习题，只有反复推敲概念的内涵再辅之以适量的练习，才能充分理解一个新的专业术语。不理解概念就去做题，可能会发现结果完全不对。在知识大爆炸的时代，认真理解了各个概念的内涵，学习和科研时运用这些概念解决问题就事半功倍了。

罗望熙

高191班校友，2003年考入清华大学。

寄语学弟学妹：对自己满意，有三种方式：1. 追求完美，凡事做到无可挑剔。2. 尽全力为之，即便不成功也无憾。3. 追求效率的最大化，让有限的付出能得到最大的回报。第三种方式最适合我的性格，相对数理化，我的短板在于英语，高三一整年我都在全力提高自己的英语成绩，大量的练习让我的英语从110分左右提高到了高考的135分。平衡自己的学习和生活也很重要，再忙也要有一些时间来舒缓情绪，多和同学交流，好的心情也能大幅度提高学习效率。

向海炼

高194班校友，2003年考入北京大学。

寄语学弟学妹：珍惜在学校的每一分时光，勤奋努力，细读数理教科书，形成良好的逻辑思维能力，扩大阅读面，加大语言

及知识积累，培养兴趣爱好，以积极的心态过好高中的每一天，获得理想的高考成绩。

黄芳

高199班校友，2003年湖南省文科状元，北京大学金融系学士、硕士。曾就职于花旗银行、埃森哲公司等知名外企，曾在某央企金融集团担任高管，后辞职赴深圳创业。作为联合创始人，创办了大型互联网金融企业人人聚财网，目前该企业员工规模已达6000余人，在全国250多个城市设立了分支机构。现任某国资背景的金融控股集团副总裁，分管1家金融资产管理公司及3家私募基金公司，具备金融领域丰富的从业经验及多年的管理经验。

章林锋

高201班校友，2004年考入清华大学电子工程系。

寄语学弟学妹：1. 整理出每科的知识体系，能把知识点串成线、连成网，能对着目录把这张网画出来。2. 勤加练习，熟能生巧，天才毕竟是极少数，灵光一闪的背后往往是长期刷题的积累。3. 注意总结，不断提高，分析找到自己的短板弱项，并进行针对性强化训练，争取每一次考完都能有所提高。4. 摆正心态，愉快学习，少和别人比，多跟自己比。5. 凡事皆有套路，答题亦如是。总结出一些答题套路，往往能事半功倍。

彭坤

高201班校友，2004年考入清华大学。

寄语学弟学妹：首先要意识到学习的重要性，努力培养自学能力，强大的自学能力将让人受益终生；其次需要提高效率，我的方法是短时间内重点学习一门，再各个击破；最后，珍惜在学校的时间。

周杰

高201班校友，2004年考入清华大学数学系，后在美国哈佛大学攻读博士，在加拿大周长理论物理研究所攻读博士后，现在在清华大学工作。

寄语学弟学妹：不管高中的三年怎么度过，未来在回忆的时候都会是人生中最难忘的一段时光。将会让你印象深刻的，是和一群志同道合的同学朋友一起奋斗，共同进步，分享喜怒哀乐。这些在以后的大学和职场，都是遇不到的。高中最好的是，既不虚度青春年少，又学习了知识之后考上好的大学。生活我就不讲，大家该干吗干吗，少年总是自己就可以活得精彩。学习过程中可能有很多困难，这个可以从多方面克服。一是养成思考的习惯，平时有事没事多想。二是和同学们合作探讨，集思广益，这样可以减少学习过程中带来的悲观情绪和厌恶心理。大家在学习的过程中，要注意健康地作息，快乐地成长。

刘孔

高 206 班校友。中科院半导体所和清华大学物理系联合培养博士，美国内布拉斯加大学博士后。中国科学院半导体研究所副研究员，中国科学院大学教师。刘孔是低维半导体材料及光电器件领域专家，在有序纳米结构、薄膜沉积技术、低维半导体异质结、高效光电转换器件等方面颇有建树。先后参与 973 项目、国家自然科学基金项目和中科院前沿重点项目研究，发表 SCI 论文 20 余篇，申请专利 12 项。与欧美多所高水平大学保持长期合作关系，担任多家杂志的特邀审稿人。

李红亮

高 206 班校友。本科就读于湖南大学软件工程专业，以专业第一推荐到微软亚洲工程院工作；2008—2011 年就职于微软亚洲工程院，担任操作系统研发工程师职位，参与 Windows 7, Surface1.0 等多个操作系统的研发，在职期间被连续多年被评选为"High Potential Employee"。2011—2015 年，从微软离职，与微软前同事共同研发了海豚浏览器负责核心 web 渲染引整业务，在海外拥有几亿用户，最终公司出售给搜狐畅游。2016 年进军金融科技领域，与前同事共同创办阿博茨科技担任技术合伙人职位。

李赞

高 210 班校友。2004 年考入清华大学。

寄语学弟学妹：不知不觉踏出一中的校门十多年了，我从一个懵懂无知的愣头青逐渐了解、适应新的角色和定位，结婚生子，真切地感受到"上有老、下有小"的压力和责任。时常怀念在母校的时光，怀念与老师和同学们一起度过的点滴。一中的生活虽然枯燥，却在日复一日的磨砺中让我形成了一条惯性思维，那就是设定目标—合适的方法—保持专注和勤奋—反思总结，让我至今仍然受益匪浅。不忘初心，方得始终，衷心祝愿学弟学妹们奋发图强，不断追求更美好的生活，成就更优秀的自己。

董佩

高 211 班校友，2004 年湘潭市文科状元，考入北京大学。

寄语学弟学妹：世界很大很精彩，未来有无限可能，而这些取决于你站的高度。我是从贫穷家庭走出来的孩子，感谢一中的老师们辛勤培育，感谢自己在那些艰难奋斗的日子里选择了坚持不懈的努力，才能登上一流高校的平台，遇见了更多优秀的人，看见了更广阔的世界。所以，请师弟师妹们为自己加油！要知道对于普通家庭的孩子，唯有奋斗才是走向成功的捷径。

马立

高 228 班校友，2006 年考入北京大学。

寄语学弟学妹：北大清华或许很光荣，但我觉得更加重要的是综合生活能力，拥有强大智慧的爱、强大的感受能力和内在力量，真正对自己的生命负责，珍爱自己的身体，跟随自己的内心，做自己！

韩剑

高 234 班校友。致公党员。现任湖南万利隆餐饮有限公司常务副总经理，兼任湘潭市乔海工作委员会副主任、湘潭市海外联谊会理事、湘潭市餐饮协会副会长、湘潭县餐饮协会执行会长、湘潭市青年企业家商会理事、湘潭市新阶层人士委员会理事。他热心公益，献爱社会。当谈及企业应承担的社会责任时，他只是淡淡地说："我们只是把我们应该做的事做好，仅此而已。"

胡雅婷

高 238 班校友。湖南师范大学本科毕业，2010—2013 年于北京师范大学攻读当代文学硕士研究生，师从梁振华教授，以专业

第一名成绩毕业。毕业后历任北京师范大学国际写作中心秘书（诺贝尔文学奖获得者莫言先生任中心主任）、北京青春你好文化传媒有限公司创意研发总监。自研究生时起涉足电视剧、电影创作，参与创作电影《柳下惠》，电视剧《铁血兄弟》《冰与火的青春》。2017 年，在大型历史传奇电视剧《思美人》担任主创，参与创作青春校园剧《我们的少年时代》。

吴家姝

高 241 班校友。2006 年湘潭市文科状元，考入清华大学。

寄语学弟学妹：要善于搭建自己的知识体系，所有的新知识进入大脑的时候就要将其归类，放到自己搭建体系里的正确位置，这样所有的知识点都不是独立的，记得清楚，调动迅速，事半功倍。

谭珂

高 262 班校友，2008 年考入清华大学。

寄语学弟学妹：总结、总结、总结！高中学习跟打游戏差不多，每一次考试都像下一次副本，考完是有经验值奖励的，然而这个经验值得自己总结升华而来。我的总结习惯从以下几个方面出发：自评：中肯的评价考试发挥，不可自视过高，无须妄自菲薄；借阅：借阅高手的试卷，学习高手思路；打气：当年最喜欢把各科最高分加起来，总分一般都有 700+，想想就觉得有信心啊——队友这么强，自己也不能弱。

胡博文

高 262 班校友，2008 年考入清华大学。

寄语学弟学妹：高中阶段的学习，不过是一个不断熟悉的过程，看得多了，自然就懂，就能从容不迫；做得多了，自然就会，就能下笔如有神。不是没有天纵之才，但是绝没有生来就会。好好珍惜高中的生活，不留遗憾，这也许是人生中最后一段能心无旁骛醉心学习的时光！

曾军

高 266 班校友，南京林业大学本科毕业，上海苏橙文化发展有限公司创始人。2012 年 2 月，组建创业团队——"苏橙工作室"，从事"文化创意产品创业，先后推出南京林大、南京师大、南京大学、上海交大等几十所高校的校园文创产品。2015 年 3 月成立上海苏橙文化发展有限公司，从事"文创 IP+AR 旅游"方向创业。先后组织参与《一本南京》《一本成都》《一本苏州》《一本上海》《一本杭州》等一系列的畅销城市文创的设计出版工作。联合南京 2014 青奥会组委会、扬州旅游局、乌海旅游局、长宁区商务委员会等推出了一系列 webapp 智慧旅游系统。2016 年获"创青春全国大学生创业实践挑战赛"铜奖、"创青春江苏省大学生创业比赛决赛"金奖；2017 年 11 月获得"长宁区拔尖人才"称号。

贺帆

280 班校友，2009 年考入北京大学。

寄语学弟学妹：回顾初高中时代，有两个学习心得和大家分享：一是专注，把心思真正放在学习上，自然会通过各种方式去寻求到最适合自己的学习方法；二是分享，不仅是因为"交换一个苹果，各得一个苹果；交换一种思想，各得两种思想"，而且还能为学习生涯带来很多乐趣！

胡万亨

280 班校友，2009 年考入北京大学。

寄语学弟学妹：不必把高考太当回事，但一定要好好当回事。高中三年的学习是一个学会如何"办成一件事儿"，学会全面提升自己的绝佳契机。规划能力、思维能力、追求卓越、恒心与毅力、健全的心态，这些品质的养成会让你受益一生。

王醴湘

高 280 班校友，2009 年考入北京大学。

寄语学弟学妹：人生只有一次，每一个决定都没有参照，因此不存在所谓的"最好的选择"。但可以相信的是，倘若脚下每一步都是用心尽力地走好，一定会走到满意的终点。光阴可贵，follow your heart & seize your time，去探索美好的人生旅途！

陈威

高 281 班校友，2009 年考入北京大学。

寄语学弟学妹：高考已经过去了12年，那场考试却时常浮现眼前，那就谈一谈高考吧。对我来说，考试成功的关键在于心态，我的经验是把它仅仅当作一场考试，给予自己适当的压力，对自己持有充分的信心。

刘偲洋

高297班校友。2013年9月被选入中国人民解放军陆海空三军仪仗大队，2014年6月编入仪仗队，2015年2月担任仪仗队军旗手，先后完成100余起仪仗司礼任务以及海南博鳌论坛、"9·3"抗日战争纪念日献花、"12·13"国家公祭日献花等大项任务。入伍期间，获得大队嘉奖、优秀士兵、优秀共产党员等表彰奖励，多次在师士兵上发表文章，受到了领导的高度认可。

黎琦

高304班校友，2010年考入清华大学。

寄语学弟学妹：高中的课业学习，一定要找到适合自己的学习方法。我的学习窍门就是分科目建立错题集，把平时做题和考试中的错误都记录下来并总结。刚开始可能会有很多错误，但只要你认真总结，尽量避免犯同类错误，坚持下去你会发现你的错误越来越少，日积月累会有惊人的收获。高中对于一个人知识体系的搭建和性格习惯的养成至关重要，希望学弟学妹们珍惜高中充实而忙碌的学习生活，养成伴你一生的好习惯，希望你们都能通过努力，找到热爱的事业，青春无悔。

罗曦欢

高304班校友，2010年考入北京大学，现在在德国波恩大学攻读硕士。

寄语学弟学妹：1. 每个人都有自己的学习习惯和风格，找到适合自己的并坚持下去。2. 获得知识的过程是快乐的，学习才会有兴趣和动力。3. 除了课本知识的学习，也要去发现自己感兴趣的领域。4. 多阅读，多阅读，多阅读。重要的话说三遍。5. 希望大家都能保留自我的独特，保卫心中秉持，保持少年心气！

刘晟

高 304 班校友，2010 年考入清华大学工业工程系，现在在美国加州大学伯克利分校攻读运筹学博士学位。

寄语学弟学妹：关于学习，我觉得最重要的是找到适合自己的方法以及保持良好的心态。不同的人会有不同的学习方法，记忆力好的人和记忆力一般的人方法不一样，细心的人和粗心的人方法也不一样，不要迷信一套方法，在不断尝试中找到并坚持自己的方法更好。在备考和复习之中，保持乐观的心态，注意放松和休息。考试成绩由很多因素决定，有时候运气不好也会让成绩下滑，所以只要自己没有偏离轨道，偶尔的成绩波动可以看淡一些。最后，多和同学交流，相互答疑解惑能让自己加深理解，更有利于发现以前忽视的地方。

刘菁菁

高 304 班校友，2010 年考入清华大学。

寄语学弟学妹：高中是打基础的重要时期，这段时期注重的是踏实和勤勉。跟着老师的指导学习是第一步，在这之外，还需要自己去总结每一科目的知识脉络和方法，并分析自身存在的短板，然后针对性地补充这方面的知识。学习上全面发展，也能让自己有机会去更大的平台发展。

夏梦婕

高 304 班校友，2010 年考入北京大学。

寄语学弟学妹：要找到适合自己的学习方法。比如用不同颜色的笔对学习重点进行标注、准备专门的错题本温故知新、和同桌一起限时训练然后互相评分等，都是行之有效的方法。要保持良好的心态。一次次的考试，成绩不是最重要的，重要的是找到自己的短板，查漏补缺。要做到以平常心对待每一次考试，不因紧张而失分，争取正常甚至超常发挥。

胡天乐

高 325 班校友。2011 年考入清华大学，2015 年获清华大学建筑环境与能源应用工程专业并获得学士学位，2020年在本校本系攻读博士学位，于此期间在西班牙访学半年。2020年7月加入易方达基金管理有限公司，成为一名二级市场买方研究员。从工科博士到基金公司研究员，对自己舒适区的突破源自于对未知始终保持饥饿感，受益于学生时代培养起来的阅读习惯以及自我学习、自我驱动的能力，知识本身也许会遗忘，但这些底层的习惯和能力将受益终生。

黄寅

高332班校友，2011年考入空军航空大学，为空军与清华大学联合培养的飞行学员，现服役于空军某飞行部队。

寄语学弟学妹：天高海阔，迈向复兴，这会是我们的时代！春风化雨，金霞织梦，这正是你们的青春！对于有了梦想的朋友，希望你不忘初心，砥砺前行。一路上纵然会有挫折，也有诱惑，但坚定不移，方得始终。对于暂时迷茫的朋友，建议你珍惜当下，夯实基础。人生中总会有迷茫，那就做好当下的事。追求卓越，成功会出其不意。

刘昊雨

高347班校友，清华大学化学工程系2016级博士生。从清华大学学生会主席到辅导员再到青化园社会实践项目的发起人，他在《我是演说家》上向青年发出"到世界需要的地方去"的号召，短时间内刷爆各网络平台，累积超过5000万浏览量，唤起了无数青年学子的时代使命感。角色虽变，情怀不改：他为新时代青年的责任和正能量而奋斗！曾获社会工作奖学金、清华创新贡献奖学金、校优秀共产党员、校优秀学生干部等荣誉，是2017年清华大学学生年度人物提名候选人之一。

寄语学弟学妹：县一中的高中生活是一段无忧无虑、充实快乐、充满收获的成长之旅。每每回忆起高中的生活，都会倍加感激那一群最负责体贴的师长、最单纯仗义的朋友。高中的拼搏也是未来的奠基石，衷心祝愿县一中的学弟学妹们，实现自己的人生理想，登上大舞台，成就大事业！

刘雨薇

高 347 班校友，2012 年考入北京大学。

寄语学弟学妹：现在回想起来，高中的学习生活是很单纯的。看似心无旁骛，然而要学好一门课却并不容易，这需要大量的专注、钻研和不计成本的付出，不是每个人都能做到。唯有咬定目标，学英语就多读多记，学生化就多看课本吃透概念，学数物就多想多算，虽不计成本却一定会有回报。除此之外，有时间一定要加强锻炼，身体是你现在和将来的资本。有空也要多和同学交流，他们会是你一辈子的朋友。

周千裕

高 347 班校友，2012 年考入北京大学。

寄语学弟学妹：高中的学习生活已成回忆，但为了目标而努力的热情从未消减。人生很长，没有目标的人生容易让人迷失；人生又很短，每一步都应该全力以赴地走。希望幸福的你们能坚持自己的初心，专注目标，不留遗憾。

颜志颖

高 347 班校友，2012 年考入北京大学。

寄语学弟学妹：从高一开始参加化学竞赛的学习，到高三全力备战高考，"充实"一词是整个三年的主旋律。凭着扎实的基础再加上一点点运气，我得以进入北京大学。一路走来，想要感谢的是县一中的老师们，教会了我自主学习的方法，让我在更深层次的学习中游刃有余，所以"方法"一词是我送给学弟学妹们的建议。

肖煌煜

高 366 班校友，2013 年考入清华大学。

寄语学弟学妹：我希望学弟学妹们心中要有一种信仰，在手心写下激励自己的语言，疲倦时看一眼，一种信仰可以激励你在马拉松式的求学生涯中坚持到最后。记住：努力、努力、再努力；不轻言放弃；战胜自己。

陈筱蕭

高 384 班校友，2014 考入清华大学化工系，直博清华大学，曾任校学生科协主席，校团委科创中心副主任，是 2017 年清华大学学生年度人物提名候选人之一。

她致力于解决锂电池问题，并已制备出长续航电子手环、高储能移动电源等概念产品。2017 年，她作为第一作者发表 SCI 论文 2 篇，作为独立作者参加"挑战杯"全国大学生课外学术科技作品竞赛，并获得特等奖。曾获第十五届全国"挑战杯"特等奖、首都"挑战杯"一等奖、国家奖学金、北京市优秀毕业生、清华大学综合优秀奖学金、清华大学优秀学生干部标兵、清华大学科技创新奖学金（蔡雄奖学金）等荣誉。

吴尚泽

高 384 班校友，2014 年考入清华大学。高中阶段与项忆晴等同学撰写的社会实践调查报告成果《从整治"六乱"看湘潭文明建设》被《湘潭日报》深入报道并被全国 80 多家新闻媒体争相转载。

寄语学弟学妹：第一，想明白并且确定好自己想要的、可实现的结果，比什么都重要。第二，做题的目的无非巩固知识、熟练解决问题的方法、总结思维的方法论。为了做题而做题是低效且低级的。第三，拼了命努力。第四，开阔视野，了解世界。第五，尝试独立思考，建立独立人格。

李岸

高 420 班校友，2015 年湘潭市理科状元，考入清华大学。

寄语学弟学妹：1.善于归纳总结，每学习、理解一个新的知识点，一定把它和以前的知识联系起来，试着用已有的基础去推导它，让知识在脑子里形成体系，否则它就是孤立而容易被遗忘的，做到这一点能够使复习的过程变得流畅而且效率非常高。2.重视上课效率，老师一定是把他觉得最重要的东西拿出来和大家分享，所以花很大力气自己爬坡不如上课借老师的力一起走一段。3.保持良好的心态，要有往前走的动力，也不能抱着太重的得失心。

高中真的是人生中一段非常精彩美好的时光，不要被辛苦蒙住了眼睛，所有的人一起为同一个目标努力，值得感动。

王崇扬

高420班校友，2015年考入清华大学核工程与核技术专业。

寄语学弟学妹：学习时间全心学习，玩耍时间尽心玩耍。课堂上浸心，课堂外提问。学习新知识不留困惑，高三大复习查漏补缺。这是轻松学习的方法，但大多数人学习时间笔下努力而心不投入，或埋心苦读有困惑而不敢提问，最后盲点越积越多，被远远落下。努力必有回报，愿大家肯于付出，敢于拼搏，实现梦想。

何郅晟

高1301班校友，2016年考入清华大学。

寄语学弟学妹：在高中学习阶段，就循规蹈矩地学，跟好进度或是稍稍超前，不强求比规定任务多做多少，只求问心无愧，自认学到了没有落下，就足够；但也不能过于放松，娱乐、发呆无疑能成为加油站，必须能快速地驶回正轨。题目是做不完的，要完全掌握，必须做好理解、串联与应用。虽然简单，但能够时刻绷紧神经做好却非易事，形成习惯的同时其实已经到了很高的层次。另一点想说的是持续化学习，高中之后学习不会结束，你面临的是并不轻松的大学，知识浩如烟海。要永远保持探索的兴趣和学习的渴望，保有撑你一路走下去的身体素质，这两点尤为必要。

张依琳

高1319班校友，2016年考入清华大学美术学院。

寄语学弟学妹：不管你是高一高二或是高三，请抓住你仅剩的高中时光，以分以秒计时，因为你所付出的努力不说决定着你的未来，但一定决定着你的四年。上了大学你才会知道一个良好的平台有是多么重要。它代表着你的资历、你的交际圈、你的修养。所以，请你坚持，请你拿出最好的状态投入学习中，只要你心存信念，一切都还不算晚。

赵宇碹

高1401班校友，2017年考入清华大学。

寄语学弟学妹：第一，及时总结所学到的知识与方法。第二，不要跟风，认为大家在学什么我就应该学什么。每个同学的学习情况肯定是不同的，每天除了完成老师布置的作业之外就需要根据自己的学习情况挑选不同梯度的参考书练习，高三最后阶段对老师布置的作业也可以进行挑选，选自己薄弱的地方练习就好，否则费时又没有什么收获。当然最重要的一点就是尽量每天都保持好心情，偶尔不顺心也要及时排解，这个时候将学习稍微搁置一下也是可以的，毕竟心态问题影响还是很长久的。

周栖敏

高1401班校友，2017年考入清华大学。

寄语学弟学妹：高中阶段的学习主要是对基础课程的学习，它对创造性的要求并不高，高考主要考查的是学生对于基础知识的熟练程度。因此，在高中阶段，一个人能否取得优秀的成绩，很大程度上取决于该同学是否拥有勤奋的品质。可以说，勤奋是学业优秀的学生最重要的品质。如果你还未将你足够的时间用于学习，那么我所述的学习方法定将对你影响不大，因为只有你将充分的时间用于学习以后，你才会发现使自己的各种安排尽可能和谐是有用的，这就涉及学习方法的问题了。而学习方法并没有严格的优劣之分，只有适合自己的才能算是有效的。希望大家珍惜青春，不负韶华！

邱艺芸

高1425班校友，2017年考入清华大学美术学院。

寄语学弟学妹：第一是反思，总结分为大反思小反思，小反思小到没做完一组题目，具体总结到底哪里出了问题，是基础公式、运用能力还是心情不好等；大反思，可以大到反思人生，将人生的反思运用到学习上。第二是踏实地做好每一件你应该做的事，学习没那么难，怕的就是急躁，静不下心，你踏实地、享受地完成每一次的积累、每一次作业，学习内容考试内容就那么多，你有时间、有能力去慢慢攻克。第三是科学的学习方法，即科学利用时间、科学把握自己。科学利用时间，大时间是集中的时间，去攻克你需要深刻钻研和动脑的学习；小时间比如吃饭排队刷牙洗澡的时间背背单词等。科学把握自己，就是你要了解自己的缺点，并合理地将缺点降到最低。

第三篇

诗意校园

目之所及，更有草木花，鱼虫鸟，尽显人与自然的和谐。其带来的，不仅是环境之美，还是知识的立体模杆，更是生命的蓬勃力量，花蕊凋零之理、草木长青之道。真可谓，学校处得是教育，学校处处有教育。

诗意几何：有一楼如飞翼，一亭如清荷，一馆如大书，一廊如长龙，翼者，器也，一日同风起，扶摇直上九万里；荷者，性也，他日入红尘，不染淤泥不自妖：书者，道也，上下观古今，起伏千万途；龙者，志也，一中学子多奇志，一遇风云便化龙。

诸君还看：临湘水，聚古楚灵气，坐湘潭，继先圣雄风。莲池几亩，铭濂溪之道，火箭一枚，究科学之理。九华楼，埋首冲刺，实验楼，细察启智。图书馆，升格灵魂，运动场，野蛮体魄。

目之所及，更有草木花，鱼虫鸟，尽显人与自然的和谐相处，其带来的不仅是环境之美，更是知识的立体模样，是生命的蓬勃力量，花蕊凋零之理，草木长青之道。真可谓，学校处处是教育，学校处处有教育。

凡物有灵，凡器有道，一代代一中人将思想与愿望寄于其上，以诗意之校园，助力学习生活，愿我一中学子，物我相宜，快乐学习。

佛家说"一花一世界，一树一菩提"；儒家说"多识于鸟兽草木之名"；道家更是强调"天人合一，道法自然"。草木花，鱼虫鸟，走过一中的校园，尽显人与自然的和谐相处。绿色校园带来的不仅是环境之美，更是知识的立体模样，是生命的蓬勃力量，花蕊凋零之理，草木长青之道，真可谓，学校处处是教育，学校处处有教育。

而这抹靓丽的绿，不仅呼应了校园的青春色，更寄托学校"十年树木，百年树人"的使命，传达出学校对一中学子的祝福——品格挺拔如树，生命灿烂如花！

中门　西门

厕所

体育组办公室

您所在位置

① 校门	② 艺体馆	③ 田径场	④ 办公楼	⑤ 前广场
⑥ 九华楼	⑦ 主教学楼	⑧ 羽毛球场	⑨ 实验楼	⑩ 图书馆
⑪ 乒乓球场	⑫ 篮球场	⑬ 生活服务大楼	⑭ 团结广场	⑮ 教师公寓1栋
⑯ 教师公寓2栋	⑰ 教师公寓3栋	⑱ 荷叶塘	⑲ 女生公寓3栋	⑳ 女生公寓2栋
㉑ 男生公寓3栋	㉒ 男生公寓2栋	㉓ 男生公寓1栋	㉔ 女生公寓1栋	㉕ 家属小区

↑ 湘潭县一中校园平面图

学校全景及校门

学校全景

　　2005 年在县委政府主持下，作为湘潭市十大工程之一，学校整体搬迁到金霞山下新校址。拥有面积 328 亩的新校区，引领全省优质教育资源升级，开拓湘潭县城东部建设的新高潮，为县市的教育强市作出重要贡献。

　　走进一中校园，首先映入眼帘的是造型简单寓意深远的校门、翠柏映衬的校园大道、巍然耸立的教学大楼，偌大的校园让人深刻感受到"恬静"的校园特色。教学楼上"祖国在我心中"的校训，与"才高八斗、学富五车"的大型雕塑，在阳光下熠熠生辉，也在无言地诉说着清朗和谐的校园魅力，表露着莘莘学子的家国情怀，也让"道路自信、使命必达"的豪情壮志油然而生。

〈学校校门〉

　　2005 年建成的新校区校门为学校第五代校门，其设计凝聚了一中人的非凡智慧。校门正中间是由毛体书写的校名"湘潭县一中"，希冀一中全体师生发扬老一代"艰苦奋斗，勇往直前"的革命精神。校门的主体形态是一个"人"字，一中欢迎所有有梦想、肯拼搏的学子进入一中校园学习。左右两侧各四根柱子，意为八方来才，人人都可以成为顶梁柱。左侧为"梯"状，一中甘为人梯，助学子成才。右侧顶上三个长台等高，体现了一中"人人平等"的理念。

智楼

主教学楼

主教学楼共五层，拥有80多间标准教室，现代教学设置一应俱全。整体形态为"工"字。《论语》有云："工欲善其事，必先利其器。"好的教学条件更易培养出全面发展的优秀人才。"工"也指某个领域的顶级人物，湘潭县一中汇集了优秀的教师团队，他们将自己的全部精力都投入教学育人中，尽职尽责，精益求精，将工匠精神落到实处。同时，湘潭及周边最优秀的学子云集湘潭县一中，以湘潭县一中为基，成就人生梦想。

《办公楼》

办公楼位于体育馆与九华楼之间，是学校政务处理的中心，是政府与学校、学校与学生沟通的桥梁。一楼主要有教务处、总务处、政教处、招生办、高招办、海航部、团委室、财务处、会计室、名师工作室等，主要负责学生的团员档案以及贫困助学等相关事宜。二楼主要有校长室、副校长室、党政办公室、工会室、大数据中心及多功能小会议室，用于学校的日常办公。另外，还有一间小型办公室，用于接待外宾和召开局部会议。三楼有一间大型报告厅，可以容纳 330 人。

《九华楼》

九华楼始建于 2011 年，整栋一共有 35 间教室，现代化设置一应俱全。因九华经开区捐赠了部分建设资金，以"九华"命名，意在教导一中学子须常怀感恩之心，圆梦不忘建楼人；同时也寄寓各届高三学子从这里扬帆起航，鲤跃龙门，凤舞"九"天，扬名"华"夏。

《实验楼》

实验楼里有专门的物理实验室 9 间，化学实验室 6 间，生物实验室 6 间，通用技术实验室 3 间，每间实验室的仪器设备均达到《湖南省普通高中理科教学仪器配备目录》要求。在风云变幻的国际形势下，科技创新已经成为一个国家和民族的不竭动力。配备高端理科实验室，正是为祖国培养科技人才，增强国家的综合实力。

《生活服务大楼》

　　校园里的故事，每天都是从食堂的锅碗瓢盆开始。民以食为天，吃饭是最大的事。尤其是高中生正处于发育的关键时期，必须保证一日三餐的合理饮食。为了切实满足和保障学生的饮食问题，学校先后多次对食堂进行改造，目前共有学生食堂 6 个，占地3500 平方米，共有餐座 3800 个，可以容纳两个年级的同学同时就餐。

　　"卓园"里那些呼朋引伴的声音，"雅园"内那条焦急等待的队伍，"俭园"中那阵匆匆的步伐，"青春大食堂"里那些洋溢青春的笑脸……让所有的时光都变得可感。美食在变，食堂的名字在变，穿梭而过的人在变，和食堂密不可分的青春故事却在每个一中人的高中时代上演。

《学生公寓》

校共有 6 栋学生公寓，占地 18144 平方米，共有床位 4140 个，保证了绝大部分学生可以在校就寝。2018—2020 年，学校斥资 2061 万元，分两期对公寓进行了升级改造，公寓内设施设备均按照最新标准进行了改造与添置，给学生营造一个舒适的就寝环境。

学生公寓是学生学习、生活和交流的重要场所，也是加强学风建设、开展养成教育、进行心理指导、促进思想政治教育的重要阵地。为了培养健康人格与优良品行，努力在室内营造健康雅致、积极向上的氛围，学校致力于"精美寝室"建设，使"文明更加习惯，习惯更加文明"。

慧台

"八斗之光"雕塑

湘水欢跃，金霞圣光。为庆祝学校喜迁新址，彭清明、张艳纯、毛超平、杨鄂湘、赵向阳、朱亮、曾大林、肖灿军、许争光、胡灿十位校友共同捐建"八斗之光"雕塑。雕塑的主体部分由"五斗""三星""一带"构成。其"斗"形似车斗，取"学富五车"之意；"三星"意为学生德、智、体全面发展；五斗三星合而为"八"，意为"才高八斗"，情系 "八斗丘"；向上扬起的"红丝带"，寄寓学校发展红红火火、团结向上；校园大道从"八斗之光"雕塑开始，左右两边延伸出的"学森路"和"海航路"环抱主教学楼，期望学生能"书通二西"。整座雕塑寄望学子成为"书通二西、学富五车、才高八斗"的栋梁之才。

中外名人雕塑

追慕先哲，见贤思齐。周敦颐、陶行知、居里夫人、雷锋、孔子、毛泽东、邓小平、鲁迅、齐白石、爱因斯坦、华罗庚、钱学森等十多座雕塑围绕青年广场左右。从众多的中外名人中精选这些名人予以宣传和学习，既彰显了我校"文武并重，文理兼修"的办学主张，也充分体现了我校将"宣扬地方文化、弘扬中华文化、学习国外文化"相结合的育人大格局。

火箭推进器残骸

耸立在风雨长廊外的长征三号运载火箭残骸展示台，无声地介绍着北斗导航系统的艰辛历程，更是将一中师生奋发进取、报效祖国的志向展现得淋漓尽致。

2019年11月5日1时43分，我国在西昌卫星发射中心用长征三号乙运载火箭，成功发射第49颗北斗导航卫星。该卫星发射成功，标志着北斗三号系统3颗倾斜地球同步轨道卫星全部发射完毕。2019年11月6日，通过多方努力，学校将该火箭散落的一枚发动机残骸运回展出，用以对学生进行爱国主义教育和科学研究。

孺子牛雕塑

"孺子牛"雕塑在办公楼与青年广场之间。这头牛，全身紧绷，呈现出具有张力的肌肉线条，牛头抵向地面，四腿用力后蹬成竭尽全力的负重状。整头牛的造型，鲜

明地体现出埋头苦干、奋力向前的孺子牛精神。牛作为家喻户晓的中华文化意象，凝聚了一中人勇于开拓、大胆创新、奋力耕耘、不断向前的精神，蕴含着中华民族生生不息、长盛不衰的精神密码。

"孺子牛"源自《左传》：齐景公与儿子嬉戏，嘴里叼着绳子当牛，让儿子牵着走。后来，鲁迅先生在"横眉冷对千夫指，俯首甘为孺子牛"的名句中，赋予了"孺子牛"精神更深刻的内涵，指代一种不怕吃苦、敢于奉献、直面牺牲的崇高品质。

雅阁

图书馆

全馆面积为3972平方米，实现查藏借阅一体化。馆内设有学生阅览室、教师阅览室、师生共享书库，实行计算机管理。书籍是人类进步的阶梯，学校作为传道授业解惑的重要场所，藏书不可不厚，书之类别不可不丰。我校图书馆拥有藏书逾22万册，电子图书逾10万册，可谓丰厚矣。

金霞书屋

　　金霞书屋设在图书馆二楼东。进入书屋之前，映入眼帘的是曹莉老师所作、李逸峰先生书写的对联"同游湘水金霞看无限江山不老，共读今贤古圣度有情岁月长青"。在这里，老师们或自由交流教学经验，育人理念；或共读今贤古圣之高论，开拓个人之眼界。

尚书屋

　　尚书屋设在图书馆一楼大厅，门联是张琦老师所作、史峰先生书写的对联"尚欲凌云酬壮志，何妨入座读经书"。书屋内全新装修布置，开放式设计。每届毕业生都会选择自己最受益的好图书捐献出来，放到"尚书屋"里，齐心协力建成一个开放的图书馆。每个人在满足自己的同时，也为他人着想，传承文明的基因。

尚书屋记

　　图书馆之大厅，高大、宽敞、明亮、雅致，自落成之日始，作为建筑之一部分，示该建筑之大气也。

　　己亥岁正月十八，余自食堂午餐出，齐校往食堂，于馆侧，齐校折回，领余至大厅，曰："欲置书橱、桌凳、书籍于其间，人随至可阅。君试名其屋。"

"尚书何如？"

"试为之说。"

厅之左，饭所也；厅之背，商肆也。皆尚食之处，日往返者，万有余人次，厅扼其锁钥，而少人往，实无所需也。子曰："登堂矣，未入室也。"今置书其间，往返于此者一入而读之，书间精粹或入其髓，流连书山学海而不欲返，乃由此厅登楼入馆，实所愿也。

"尚"者，崇也。齐校入主年余，尊师重教，少言多行，致力于校园文化之打造，宣传橱窗、池苑连廊、论谈场所，凡此所在，不惜重金。饭所、商肆之于图书馆大厅，大数倍至十数倍，为全校师生读书之所，实在是小之又小，远不够用。近日斥金改造，辟为开放书屋，为嗜书者提供些许便利，为校园营造文化氛围，则其"尚"之意远大于用。

或曰："尚书非古官职之名乎？"然也。自隋唐至明清，掌六部者称尚书。掌六部者，皆满腹经纶，洞明万物者。明经纶、洞万物，古今成事业者，非读书，其途何在？"尚书"实乃"尚"书之果也。

上世纪初，或倡"德先生""赛先生"，引发五四风暴，中华民族知道了科学和民主；八十年代提解放思想，高速发展四十年，中国乃成世界第二大经济体。今日大言吾"尚"书，校园处处显文化，以浓郁氛围裹挟学子，数年、十数年、数十年之后吾校之盛况，孰可估量哉？

故不加隐讳曰"尚书"。

己亥岁正月二十日
刘芳

《录播室》

随着互联网的快速发展，线上课程已经成为一种趋势。为了紧跟时代步伐，2015 年，学校投资 70 多万元建成高标准的数字化录播室，实现了网上在线同步直播，真正为一中老师"走出去"打下了良好的基础。

艺体馆

　　艺体馆是湘潭县 12 个重点工程项目之一，总建筑面积为 25300 平方米，占地面积为 8027.68 平方米，建筑最大高度 23.99 米，观众座位 3250 个。艺体馆是风雨长廊的龙头，体育馆的外形为波浪形，预示着一中一定会像"长江后浪推前浪"般，愈来愈强。体育馆是集美术培训室、书法室、音乐教室、练声房、练琴房、舞蹈室、健身房、羽毛球馆、乒乓球馆、篮球馆、演艺厅等各类功能室于一体的综合性场馆，充分体现了我校对"五育并举"的重视。

趣场

《运动场》

　　体育锻炼能增进身体健康，使疲劳的身体得到积极的休息，使人精力充沛地投入学习，所以我校一直致力于体育建设，斥重资打造最美运动场所。目前，我校有标准化篮球场 12 个、乒乓球台 45 个、排球场 2 个、羽毛球场 11 个、健身场 1 个、投掷运动场 1 个、网球场 1 个。

青年广场

青年广场位于主教学楼前，主体形状为梯形，广场中央为喷泉设施，是学生集会的重要场所，每周一都在此举行全校升旗仪式。取名"青年"广场，既与学生年龄相吻合，又希望学生发扬"五四"青年精神，敢于创新，积极为祖国繁荣富强而拼搏。

团结广场

团结广场位于主教学楼与学生公寓之间，占地面积不大，属于休闲性场所。"团结求是创佳绩，勤奋进取创一流"是我校的奋斗宗旨，唯有团结，才能充分发挥出集体的凝聚力和战斗力。

海航之家

海航之家是按照海军舰载机飞行员训练标准建设的海航班专用训练场，分浪木、旋梯和滚轮三个区域。浪木是模拟海浪冲击船舷，舰船摇摆情形，要求学员能稳定快速通过，锻炼了海航生运动平衡能力；滚轮和旋梯则是模拟飞机

进行机动飞行时翻滚、摇摆、俯冲、拉升、大角度转弯等情形，培养学生抗眩晕能力，同时让学生适应加速上下时的超重和失重。通过相应训练，学生能更加适应将来飞行训练，更快地成长为合格的舰载机飞行员。

↑ 经典诵读"走向深蓝"

↑ 升国旗

↑ "雏鹰 2018"夏令营　　↑ 模拟飞行操作训练　　↑ "雏鹰 2018"夏令营

↑ 红色圣地研学留影

↑ 日常体能训练

↑ 远足

憩厅

风雨连廊

    迈步一中校园,一条蜿蜒伸展的风雨长廊让人叹为观止。耗资 2000 万元的风雨连廊,于 2016 年 9 月竣工。它北起办公楼,蜿蜒南折至学生公寓楼,中间与教学楼和食堂相接,全长 798 米,与艺体馆呼应,构成"腾飞的巨龙"造型。

    大气的造型、厚重的结构、精心的设计、精选的内容,让人流连忘返。历届优秀校友简介、中华民族脊梁代表人物简介、湖湘文化名人代表人物简介、"改革先锋"简介,四个板块构成了一条首尾相连、层次分明的文化长廊。虽然各自侧重点不同,但仰望星空、脚踏实地的育人功效显现。阅读着 300 多幅人物介绍,图文并茂的形式增长见识,让人深刻地感受一中文化的博大精深,体会一中师生的责任担当。

濂溪亭

该亭以宋代湖湘文化传承人周敦颐的号"濂溪"命名。亭上刻有著名书法家夏湘平先生书、晚清诗文大家王闿运先生所作对联"吾道南来原是濂溪一脉，大江东去无非湘水余波"，意在赞扬湖湘子弟"胸怀天下""敢为天下人之先"的爱国精神。身为一中人，也应当传承"敢为人先"和"心怀天下"的精神。

莲韬亭

"韬"就像一个袋子包着莲子，施以营养，让莲子得以成长。良好的学习环境和优秀师资，正如"莲子"之"韬"，滋养学生的生命，成就学生的成长。后，张琦老师作对联"莲荷吐秀缘韬蕴，械朴成锋化雨功"。亭上的对联由湖南省美协主席朱训德先生表其意，欣然挥笔，将此联书其上。

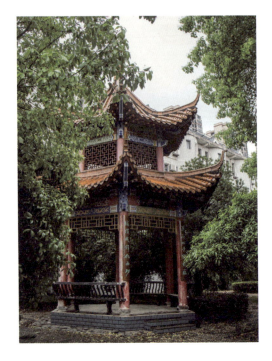

绿园

百年紫薇

这棵紫薇年逾百岁，被命名为"百年紫薇"。它栽种在办公楼的左前方绿植带中，与"文笔峰池"相依。它是由高 83 班校友曾亚杰和高 117 班彭清明两位校友在学校 60 周年校庆时共同捐赠的。"百年紫薇"的树形高大优美，花开百日，尤其在每年的高考季和升学季，花色鲜艳夺目，叶片青翠欲滴，把自己美丽的一面绽放出来，给一中增添喜庆与吉祥。

这棵"百年紫薇"生命力顽强，它和老校区的"百年玉兰"一样，几遭风雨而依然坚强不屈，深受我校师生的喜爱。

荷叶塘

校园东南角有水面近十亩的荷花池，六角亭、四角亭与之遥相呼应。杨万里诗云："接天莲叶无穷碧，映日荷花别样红。"荷花的蓬勃绽放，寓意着高三学子在高考中绽放出鲜艳的花朵。周敦颐在《爱莲说》中写道："予独爱莲之出淤泥而不染，濯清涟而不妖，中通外直，不蔓不枝，香远益清，亭亭净植，可远观而不可亵玩焉。"全体一中人，须如莲花般：既积极入世，又不为世俗污秽所染（出污泥而不染）；本身虽然美丽，却不浮华，不向人献媚（濯清涟而不妖）；行为正直，不入歧途，不攀附他人，更不趋炎附势（不蔓不枝）；独立自尊，不可亵渎（可远视而不可亵玩焉）。

《荷叶塘记》

/ 刘芳老师 /

　　学苑东南隅，依依杨柳中，一方澄净水，满眼碧连天。环湖为曲径，幽木垂长藤。个中居黄鹂，清啼应书声。闲人轻度步，悠然赛游鱼。

　　原本非池苑，田间一野塘。地处金霞村，黑沙人所有，生产和生活，全仗此方水。人畜离不开，灌溉两百亩。源出西山坡，雨水兼泉水，远处大水库，余水亦不捐。

　　时代大发展，移治易俗河。一中顺大化，由西迁往东，昔日生禾黍，今日育人才。野塘摇身变，村姑化公主，不再供灌溉，亦不作饮用。沿岸植花树，水中种芙蓉。晨曦才照耀，周边已沸腾。学子琅琅读，歌者大练声。夜色树梢染，华灯初放时，漫步林阴道，赏荷或纳凉。此间有真趣，今昔两重天。

注：荷叶塘，金霞山下的一处自然水塘，水源来自金霞山西面山坡的雨水、山麓的泉水以及上方长塘水库的余水。农耕时代，荷叶塘是当地村民生产生活的重要水源。人畜生活靠它，下方两百多亩农田灌溉需要它。

随着湘潭县治移至易俗河，湘潭县一中搬迁到金霞山麓，荷叶塘周边地区告别农业时代，成为繁华都市的一部分，荷叶塘更是成为校园的一部分，经过改造和美化，水面荷亭亭，周围绿树蓊郁，仿古亭榭点缀其间，成为一中校园里一处风景极佳的休闲场所！

八斗丘的枣

这颗从老校区八斗丘移植过来的枣树栽种在团结广场东南端的校园大道旁，与学生公寓相望。因枣与"早"谐音，期望学生读书起得早、早日成才。

校友林

七十多年的风雨中，湘潭县一中涌现了一大批杰出的校友，既有政界干将，也有工商能手，他们虽然走出了一中的校园，但依然情系母校，怀念在一中的青春岁月。我校也始终关注一中人才的培养和发展，始终与一中走出去的学生保持密切的联系，先后成立多个校友会，校友林便是在校庆七十周年时，由全国各地县一中十余个校友会或班级共同捐建的。

《银杏园》

银杏园东连学生食堂,南接荷叶塘,西与北均通风雨连廊。园内近 20 株银杏树,棵棵高大挺拔,寄寓一中学生成为稳重、坚强之人。值得一提的是,在学校正式成立"钱学森实验班"时,校友周泽湘等捐赠雌雄银杏两棵,栽种于办公楼前方,以示庆贺与勉励。

《银杏记》

公元 2020 年 11 月 13 日,岁在庚子,时值初冬,暖阳高照。四海宾朋、八方校友齐聚金霞,隆重庆祝湘潭县第一中学正式成立"钱学森实验班",序为全国第五十八。此为树蕙滋兰,为国计长远之举措。钱永刚教授亲临仪式,授课赠书,勉励一中学子追怀先驱,爱国有为。众校友嘉宾倍感欣慰,踊跃捐赠,共襄盛典:许再华将军赤诚赠字"忠诚爱国,勤学笃志",以为班训;北京湘潭企业商会、校友周泽湘等捐赠价值七万余元之雌雄银杏两棵,取百年树人之意,移栽校园,寄寓深情。

《桃园、李园》

桃园和李园分别位于团结广场西北角和东北角。园内桃树、李树枝繁叶茂。古有"投桃报李"之说,寓意做人要知恩图报,由于桃花

和李花构成的春光,充满了无限的生命力,自古以来被喻为学生、弟子。"桃李满天下""桃李不言,下自成蹊",也用以歌颂老师的业绩、赞扬老师的美德。

附录

　　湘潭出名人！穿越历史烟波，湘潭人在书院讲经传道，在政坛服务人民，在艺术殿堂创造美好，一代代骄子从这里启航，融入时代，铸就湘潭荣光。而后诗人来了，政客来了，游人来了，他们用文字歌咏这灵气氤氲之乡，仙气缱绻之地，名人咏湘潭，留下一首首乡土绝唱。何其有幸，学校生长于斯，得沐荣光；亦何其任重，先贤光耀如斯，吾人追逐项背。

　　噫！士不可以不弘毅，识先贤，知乡土，继我先辈遗风，光我家乡门庭，吾辈自强，吾辈努力。

湘潭出名人

（部分图文转自湘潭市博物院）

> "湘中灵秀千秋永，天下英雄一郡多。"湘潭，一个英才荟萃的圣地，不必说运筹帷幄的风流人物毛泽东，不必说横刀立马的军事大将彭德怀，也不必说挥洒自如的艺术巨匠齐白石，单就是曾氏、罗氏、陈氏、刘氏、三杨、王氏、黎氏等，就足以展现湘潭才俊辈出的人文景观。湖湘学派的文化熏陶，家庭教育的潜移默化，亲人长者的躬身垂范，使得兄弟之间、子孙之辈，耳濡目染，润物无声，成就了"莲城代有才人出，各领风骚数百年"的盛况。

曾氏

作为湖湘文化的典型代表、一代理学名儒曾国藩，终生注重家庭教育，从传统文化中寻找依据，独创了一套家教理论和方法。他强调持家教子，修身立志，对子孙严格鞭策，不厌其烦，以身垂范。其严谨的家风使得家族后裔人才辈出，在科技、文化等领域很有成就。这在中国历史上是一种罕见的现象，构成了一种特有的家族文化。

曾氏家族是国人"齐家治国平天下"的范本，曾家的代表人物是曾国藩。曾家祖籍衡阳，在清初迁至湘乡大界，世代务农，直到太高祖曾应贞时才开始发家，到曾国藩的祖父曾玉屏时更是奠定了曾氏家族此后百余年间富贵极盛的基础。

曾国藩初名为曾子成，生于湖南湘乡县大界的荷叶塘，这个地方现在属于娄底双峰县的荷叶镇。曾国藩是清代著名的军事家、理学家、政治家、书法家等，晚清"中兴四大名臣"之一。曾国藩自幼便聪慧好学，成绩优异，历任兵部尚书、两江总督、直隶总督、武英殿大学士，封一等勇毅侯爵，成了清代文人封武侯的第一人，他还开办了湘军，开创了由书生带兵的新格局。咸丰二年（1852）时，太平军由广西进入了湖南，此时的曾国藩正值母丧辞官在家。为了抵御太平军，曾国藩奉旨以钦差大臣的身份帮办团练，勇毅抵抗太平军。曾国藩也是洋务运动的创始人之一，他不仅开办了安庆内军械所，还主持建造了中国第一艘轮船"黄鹄"号，建立了第一所兵工学堂，翻译印刷了第一批西方书籍等，可以说是中国现代化建设的开拓者。他不仅在"立功、立言、立德"三方面成就巨大，在他的影响下，曾氏家风也在当时成了道德的榜样。

曾国藩的家训当中便汲取了曾氏家训"考宝早扫、书蔬鱼猪"这八字诀的全部内容，他一生教育子女，要严格遵循祖训。《曾国藩家书》就记载了曾国藩写给子女的近1500封家书，是我们研究曾国藩家训的重要资料。《曾文正公手书日记》中有许多曾国藩检讨自己的文字。"欲立立人，欲达达人"，曾国藩严格训练要求自己，并孜孜不倦地改造自己，追求人格和精神上的升华，这些都是值得后人学习的。

曾国藩的九弟曾国荃，湘军主要将领之一，官至两江总督、太子太保。光绪二年（1876），调任山西巡抚，正好遇到山西大旱，曾国荃先后赈银一千三百万两、米二百万石，救活饥民六百多万，民众感其恩德，为他建立了祠堂。

曾国藩的儿子曾纪泽，晚清著名的外交家，与左宗棠收复新疆时，通过谈判，从俄国人手中争回2万多平方公里国土，被誉为虎口索食第一人。他学贯中西，发表过《中国先睡后醒论》一文，当中的"睡狮"一词也成了百年中国寻求自强之路的经典比喻。

↑ 曾国藩丁忧期间在家教育儿子曾纪泽

在曾家严格的家训和家风的影响下，子孙后代多有出息，家族兴旺百年不衰，这在中国历史上也是非常少见的，这也说明了曾氏家风在家教方面所取得的巨大成功。

罗氏

参天大树，必有其根。怀山之水，终有其源。接下来我们一起追根溯源的是湘潭的名门望族——古桑洲罗氏家族。罗氏家族，人丁兴旺，名人辈出。其家教重于严谨的操行，强调好学深思，为人正直，乐善好施。其五世祖罗瑶一生不愿做官，急公好义，赢得嘉靖皇帝嘉奖。其后裔出现了清代进士、大教育家罗典，大学者罗汝怀，湘军将领罗萱，记名提督罗逢元，天津知府罗正钧，早期共产党人罗学瓒，中共中央政治局委员罗亦农等一大批名人。

元末明初时，由于至正年间残酷的剥削和元末农民大起义带来的人口锐减和经济破坏，湘潭几乎成了荒芜之地。入明以后，为了扭转湖广地区的人口、经济颓势，政府制定了"移江西填湖广"的移民政策，正是在这一时期，江西望族豫章罗氏族人罗应隆趁

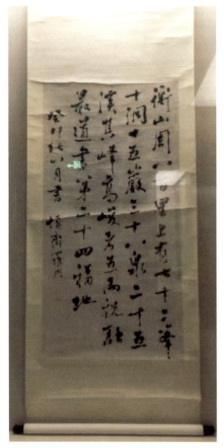

↑ 罗典书法作品

着这股移民潮带着怀孕的妻子来到了湖南，并在古桑洲上安家落户。

罗氏家族在湘潭生息 100 多年间一直默默无闻，到了第五代先祖罗瑶时才慢慢发家，罗瑶善于持家经营，在当时的湘潭有"罗半城"之称，可见其是湘潭的巨富。到罗瑶时，田产近万亩。在修建县城时，一半的费用由他赞助。古湘潭的城砖上，都有一个"瑶"字，人称"瑶半边"。不仅如此，罗瑶乐善好施，重视文教，资助了茶陵贫寒子弟张治，后来张治官至宰相并带出了一批罗家子弟当官。罗瑶去世后，张治为感其恩，在古桑洲购置官地安葬罗瑶，嘉靖皇帝还敕立崇义坊牌坊表彰。罗瑶深知，所谓世家，大都除了要有经济基础，还要有文化底蕴，再加上权力的支撑，因此从这一时期开始，罗家走上了从土豪之家到书香之家，再到官宦之家的发展轨迹，从此掀开了罗家显望的历史序幕。

明代，罗家的名人除了罗瑶还有另外两位，一个叫罗熙，一个叫罗玑，他们是堂兄弟，一武一文，两位都是大明的忠臣，可见罗家的忠烈家风。

到了清代，罗家出了两位进士，一位是罗典，一位是罗修源。罗典才学渊博，务实治学，掌教岳麓书院长达 27 年之久，爱晚亭是在罗典的主持下修建的，其对联就是罗典所题。湖南近一半的举人皆出自他门下，弟子中有两位状元、两位探花，培养了大批湖湘精英，为历代岳麓山长之最。如两江总督陶澍，云贵总督贺长龄，后辈岳麓山长袁名曜、欧阳厚均，以及二传弟子曾国藩、左宗棠、魏源、李元度等湖湘英杰。他们皆深受罗典教育思想的影响，共同助推了晚清时期湖湘文化的兴盛与辉煌。罗家还有一位大学者罗汝怀，是一名湖湘大儒、文献学家、训诂学家，编写了 800 万字的《湖南文征》，为保留湖南文史资料作了非常大的贡献，他还是曾国藩的师爷。

在革命期间，罗家出了两位赫赫有名的革命烈士，他们是罗学瓒和罗哲。罗学瓒是毛泽东在湖南第一师范读书时的同学。他与毛泽东、蔡和森一起组织新民学会，探讨救国救民真理。1921 年在上海加入中国共产党。罗哲由毛泽东介绍入党，曾担任毛泽东的秘书，协助组织了著名的秋收起义，1928 年，年仅 26 的罗哲英勇就义，葬于家乡，多年以后毛主席汇款 300 元为其重修墓冢，并亲笔题写了"罗哲烈士之墓"。

从《湖湘文库》记载的 45 家湖湘世家来看，古桑洲罗氏家族应当是湖南史上显望历史最长的家族之一。家族，是千秋万代子孙根系的所在；家风，是所有子孙儿女的精神故乡。罗氏家族崇文尚武、淡泊名利、务实治学的优良家风使得其家族声名显赫、人才辈出。其家族之显赫绵延了数百年，世代才俊辈出，在湖湘近五百年历史长河之中，始终矗立在高山之巅，成为三湘大地巍峨绚丽的灯塔。

《周氏门第》

方上周氏是湘潭的名门望族，从元末迁入湘潭算起，至今已有 650 多年历史。周氏家族是一个书香门第，以诗书传家，家庭成员之间相互影响、共进共勉，注重德行功业，著书立说，人才辈出，男女同辉，家族成就蔚为奇观。男子以周星等为代表，才女一门就有 13 个之多，个个在文学上取得不俗成就。可见良好的家庭教育环境，不仅对子孙后代性格品德的培养产生巨大影响，更有助于他们在人生道路上取得辉煌的成就。

↑ 周星著《南林丛刊·南浔镇治》

据《湘潭县志》记载：周泉湖便是方上周氏的始迁祖。据《周氏家族七修族谱》，明洪武元年（1368），隐君公周泉湖是因为躲避战乱，迁到湘潭，居住在方上为农。

清光绪刊《湘潭县志》对方上周氏一门如此评价："方上周氏，世称儒门也。"周氏家族一共出过 7 名进士、27 名文武举人，他们在湘潭代代传承，到了明末清初时最为突出。此外周家更出现了一个卓尔不群的女诗人群体，为晚清湖湘文坛注入了一股清丽之风。

周氏家族的代表人物周星，明末清初戏曲家，崇祯十三年（1640）中进士，十六年（1643）授户部主事。周星禀赋聪颖，在诗、赋、词、曲、小说、戏曲、书画篆刻等方面都有造诣。晚年之后，周星转向了戏曲。在民俗文化方面，他喜欢制作灯谜、猜灯谜，享有"谜坛宗匠"的美誉。

周系英，清朝大臣。乾隆五十八年进士 (1793)，嘉庆时期授太常寺卿，并教授皇子读书，当时皇帝还发布了命令："不但授读讲习诗文，当教阿哥为人居心以忠厚为本。"之后出任了光禄寺卿、大理寺卿等职。周系英官至内阁大学士、工部左侍郎，是方上周氏在清朝官职最高的。

　　周家还有一位才女，晚清重臣左宗棠的"贤内助"周诒端。周诒端，字筠心，母亲王慈云精诗文，著有《慈云阁诗》。在母亲教育下，周诒端善工诗文，精通经史，才貌双全，善良娴淑。她与左宗棠结为伉俪，内助左宗棠成就伟业，成为其贤内助、好知己。左宗棠大器晚成，她一直无怨无悔，鼎力相助，夫妻感情十分深厚。周诒端常与丈夫一起钻研学问、谈经论史、唱和诗词。周氏家族才女众多，成了清代著名的女诗人群体。

　　世世代代出名人的大家族皆是通过优良的家风家训来影响后人，方上周氏才人辈出，与流传至今的族规、族训、族戒关联很大。

〈陈氏〉

　　明清时期湘潭陈氏家族，讲究以孝持家，孝敬长辈，关心当地百姓疾苦，注重个人修行，一身正气。在家风的影响下，家族历代子孙，无论是隐居在家，还是出任官职，无论是个人操行、文学修养，还是执政为民，都严格遵行家风家规，传为佳话。

　　湘潭陈氏家族讲究以孝持家，孝敬长辈，注重个人修行。其中著名的孝子陈嘉谟，自小就因孝顺父母而闻名。《湖南文征》上有记载，传说陈嘉谟在为母亲下葬时，因遭遇大雪致使不能抬棺行走，他跪在雪中哀号，直至双膝冻僵不能站立，此举感动了上天，瞬时雪停天晴。后来，冯一第为此事题写："云开孝子眼，雪霁苦儿心。"

　　《石村诗文集》的作者陈湜，又名郭金台。曾任长沙岳麓书院第 16 任山长，著有《湘潭县志》《玉山县志》以及传世诗作《咏古柏》《理旧庄》等。

🔺 陈鹏年铜像

　　陈氏家族中还有一位素有"陈青天"之称的陈鹏年，他为官清廉，矢心为国，关心百姓，曾被康熙誉为"中国第一能臣"。1723 年，陈鹏年任河道总督，在治理黄河时因积劳成疾，病逝于堤工上，雍正皇帝赐其谥号"恪勤"，下诏厚葬。郭沫若也曾为他题写赞诗"正气传吹鬼，青天德在人。一时天下望，万古吊中珍"。

《湘潭三杨》

杨度与弟杨钧、妹杨庄，时称"湘潭三杨"。兄妹三人曾一同师从王闿运学习，后又都赴日本留学，三人在文学上相互鼓励，互相影响，在中国近代文学上均占一席之地，均有著作传世，尤以杨度在中国近现代历史上影响最大，对弟妹和家族后人影响较深。

杨度原名承瓒，字皙子，号释虎。从小天资超群，才气过人，是经学大师王闿运最得意的弟子，是齐白石的同学。杨度的书法造诣非常高，擅长楷书、颜书和北碑等。

杨度才华横溢，实心为国。《湖南少年歌》是他代表湖南青年对梁启超所作的《少年中国说》的呼唤之应答。通篇气势磅礴，慷慨激昂，尤以"若道中华国果亡，除非湖南人尽死"一句，对湖南的爱国青年产生了强烈的鼓舞作用。

杨度师从王闿运，王闿运先生有三门绝学：功名之学、诗文之学、帝王之学。杨度先生醉心于帝王之学，一直都在寻找"有为者"，希望他带领大家立宪革新。这也正符合了他在《湖南少年歌》中所说的"大地何年起卧龙"的思想。杨度考过秀才，参加过公车上书，官拜清廷四品。他支持过袁世凯称帝，赞同过孙中山的共和，入过国民党，但 1927 年蒋介石背叛革命，共产党人被迫害和屠杀，这一切事实使杨度一度陷入迷茫，于是遁入佛门，研究佛学。与此同时，杨度开始接受马列主义思想，后来在白色恐怖之下，经潘汉年介绍，周恩来批准，秘密入党，成为一名共产党员，在上海生活时为党提供了非常多的情报，毛主席也曾亲切地称呼杨度为"自己人"。

杨庄是王闿运唯一的女弟子，从小好诗文，才貌双全，后来嫁与王闿运四子王代懿为妻。《湘潭杨庄诗文词录》就是杨庄所著。

杨钧也是王闿运的得意弟子。1903 年赴日本留学，1906 年回国，先后在长沙、湘潭等地及周边讲学数年，书法造诣颇高。

佛身如空不可尽无相无碍遍十方所有应现皆为化 庚午春杨度

→ 杨度先生书法作品

《刘氏双雄》

刘氏双雄指的是刘揆一、刘道一。兄弟二人，志同道合，互相激励，为推翻帝制、挽救中国、建立共和，贡献卓越，毕生献身于革命事业。

刘揆一曾拜师于经学大师王闿运，打下了浓厚的国学基础。1903 年留学日本认识了黄兴，发起成立华兴会。1907年，在得知弟弟刘道一烈士牺牲的消息后，刘揆一毅然决定加入中国同盟会，成为以孙中山为核心的中国同盟会的领袖之一。他于资产阶级民主革命之功绩，可与黄兴、宋教仁并举。

刘道一，追随其兄刘揆一从事革命活动。1904年，加入华兴会，次年参加同盟会。1906年秋，刘道一参与领导的萍浏醴起义提前爆发，正在运动新军的他从衡阳返回长沙途中被捕，后来被清政府杀害于长沙浏阳门外，年仅22岁。他是留日学生中因反清革命被杀害的第一人，也是同盟会会员中为革命流血牺牲的第一个烈士。

如果说刘揆一是中国民主革命的实践者，那么刘道一就是近代中国民主革命的殉道者，刘氏兄弟致力于中国革命事业，贡献卓越，并称"湘潭刘氏双雄"。

↑ 刘道一铜像

《王氏书香》

湘潭王家历代以文学传家，尤其王闿运治学严谨，著作颇多。王闿运先生是晚清经学家、文学家，号湘绮，世称湘绮先生。受其影响，其子女在文学成就上均有造诣。王闿运重视教育，主张以社稷苍生为念，以经时济世为怀，因材施教，从不赞成弟子一味埋首于故纸堆中。他的徒弟遍布了全中国，湘潭三杨，刘揆一，还有著名画家齐白石，诗僧八指头陀，戊戌六君子中的刘光第、杨锐等都是王闿运先生的弟子，可谓是桃李满天下，《清史稿》亦高度评价了王闿运教书育人的巨大成绩。

↑ 王闿运所校释《楚辞释》

咸丰九年（1859），27岁的王闿运第一次赴京城会试，结识了晚清权臣肃顺，受到欣赏，于是被肃顺聘请为了家庭教师，但是不久后便辞去了该职。同治元年（1862），王闿运入曾国藩幕，但后来因所议多不合，不久也离开了曾国藩。

从此，王闿运结束了自己的幕僚生涯，专心从事讲学，受丁宝桢之邀来到成都，任尊经书院山长。后回到湖南，先后主持长沙思贤讲舍、衡山船山书院等，最后自办湘绮楼，前后得弟子数千人，有门生满天下之誉。当时来到湘绮楼求学的，不管是平民百姓，还是达官贵人，进门后必须下马下车，步行入内，显示了王闿运当时深受人们的爱戴。

黎氏八骏

湘潭县中路铺镇菱角村长塘组 93 号，有一栋土墙青瓦的老房子。这就是湘潭晓霞山黎家的所在之地。

自辛亥革命以来，湘潭黎氏在中国的诸多领域开风气之先，享有很高的声誉。黎氏家族十分注重个人修养与子女教育，懿德深远的家风，使得黎氏后裔人才辈出，在科学技术、文化教育、文学艺术等领域取得了骄人的成就，做出了不朽的贡献，尤以"黎氏八骏"最为有名。

"黎氏八骏"的祖父黎葆堂是前清戊子科举人，曾在曾国藩幕府任军机要员。父亲黎培銮，是同治九年 (1898 年) 庚午中的举人。一生不仕，便隐逸家居，以诗书画印自娱。他与齐白石是挚友，二人组织发起了"罗山诗社"。此外，黎培銮还设立了家庭学校——长塘杉溪学校，学校开设中西合璧课程，在讲授"四书五经"的基础上，也讲授算学、格致、博物、音乐和美术等新课目。"黎氏八骏"的母亲黄赓，知书达理，善理家政，靠自学达到能看书填词的学力，是一位通晓诗、史、经、文的大家闺秀。她相夫教子，把持家务，对子女的品德和学业极为重视。如此优秀的夫妻一生孕有八子三女，他们依次是黎锦熙、黎锦晖、黎锦曜（女）、黎锦黎、黎锦纾、黎锦炯、黎锦宝（女）、黎锦明、黎锦光、黎锦文（女）、黎锦扬。在教育开明、学风自由的家教环境下，八个少年从家乡走出，他们在学术、音乐、科学、教育等领域各领风骚，被誉为"黎氏八骏"。

"黎氏八骏"的大哥黎锦熙是著名的语言文字学家，也是"拼音之父"。他 1915 年受聘为教育部教科书特约编审员，1916 年成立了"中华国语研究会"，1955 年当选为中国科学院哲学社会科学学部委员 (院士)。毛泽东在就读湖南第一师范的时候结识黎锦熙，两人名为师生实为挚友，常在一起议论时政、研究学问。黎锦熙先生从事语文教学各个方面的研究，其中包括推广普通话、改革汉字、语法研究、词典编纂等。从 20 世纪初到 70 年代末的漫长岁月里，黎锦熙几乎以其全部的精力献身于国语运动和语言文字的研究与推广工作中，编导出版了《国语学讲义》《注音字母无师自通》等书，使汉字成为有声的文字。这一期间他还发起组织哲学研究小组，由留学英国的伦理教员杨怀中做指导，经常讨论一些哲学问题，学生中的毛泽东、陈昌、蔡和森经常来参加。黎锦熙与毛泽东的师生情谊因此而逐渐深厚。

"黎氏八骏"的二子黎锦晖，是一名音乐家，他的创作可以分为两个时期，在 1927 年以前，以创作儿童歌曲、儿童歌舞剧为主，创作了《小羊儿乖乖》(又名《小兔子乖乖》)。1927 年他以一首《毛毛雨》开中国流行音乐之先河，传唱大江南北，被誉为"中国流行音乐之父"。同时，他非常注重音乐教育，创办了"中华歌舞团""明月歌舞团"，培养了红极一时的音乐人，其中包括了电影艺术家王人美、"金嗓子"

周璇及《义勇军进行曲》的谱曲者聂耳。

　　"黎氏八骏"中还有著名采矿专家黎锦曜、平民教育家黎锦纾、桥梁专家黎锦炯、作家黎锦明。其中，黎锦炯自主设计施工了我们中国北方的第一座大型铁路大桥——滦河大桥，名震比利时、日本、英国等国的桥梁界，让中国人扬眉吐气。

　　黎锦光也是一名音乐家，师从二哥黎锦晖从事音乐创作，留下了许多经典歌曲，比如《采槟榔》《送我一支玫瑰花》《夜来香》等都是大家耳熟能详的。

　　"黎氏八骏"中的最后一位黎锦扬先生，他是以英文写作打入西方文坛的美籍华人作家的先行者。旅美四十多年，他创作了《花鼓歌》《天之一角》等十余部英文小说以及《旗袍姑娘》等中文著作，其中歌舞剧《花鼓歌》在百老汇多年久演不衰，大获成功。除此之外，黎锦扬先生还替著名的《纽约客》等杂志撰写文章或游记，深受欢迎。1989年，波士顿大学在莫迦纪念图书馆为其成立了"黎锦扬文库"。2018年11月8日，黎锦扬先生在美国洛杉矶逝世，享年103岁。

↑ "黎氏八骏"合影

名人咏湘潭

> 湘潭历史悠久，风景如画，自古以来就有许多文人墨客流连于此，将湘潭之美——湘潭的山，湘潭的水，湘潭的花，湘潭的月，咏于诗词。

褚遂良

贬到湘潭后的褚遂良，心中愤懑之情难抑，面对湘潭秀丽的江南景色，于花甲之年写下了《湘潭偶题诗》。

湘潭偶题诗

远山嶒崪翠凝烟，烂漫桐花二月天。
游遍九衢灯火夜，归来月挂海棠前。

远处的青山高峻，绿树葱翠，山间烟云弥漫。二月天里的桐花，花开烂漫。灯火阑珊的夜晚，漫步在四通八达的街道。回来时，透过海棠树，看见一弯皎洁的明月，如同挂在树前。湘潭的后来文史研究者，常常引用"游遍九衢灯火夜，归来月挂海棠前"，以形容当时的湘潭灯火万家、街肆连云的繁华景象。

注：褚遂良，字登善，唐朝政治家、书法家，杭州钱塘人，祖籍阳翟（今河南禹州）。褚遂良博学多才，精通文史，隋末时跟随薛举为通事舍人，后在唐朝任谏议大夫，中书令等职，唐贞观二十三年（649）与长孙无忌同受太宗遗诏辅政。褚遂良为官清正，深得唐太宗赏识，后因劝阻高宗立武则天为皇后，还笏辞官，于永徽六年（655）九月被贬为潭州都督，在潭州任职了八年之久。武后即位后，转桂州（桂林）都督，再贬爱州（今越南北境清化）刺史。唐显庆三年（658）卒。褚遂良工书法，初学虞世南，

后取法王羲之，与欧阳询、虞世南、薛稷并称"初唐四大家"。传世墨迹有《孟法师碑》《雁塔圣教序》等。

杜甫

　　唐朝大诗人杜甫人生的最后两年是在三湘大地度过的，他曾四次路过或短暂驻足湘潭，留下许多脍炙人口的佳句。

　　唐代宗大历三年（768），杜甫逆湘江而上投奔旧友——时任衡州（今衡阳）刺史韦之晋。过了潭州（今长沙）至湘潭时，见青山绿水，花飞燕舞，生机盎然，他精神为之一振，弃舟登岸，游览了建于晋代的石塔寺。寺内有唐初宰相、大书法家褚遂良谏阻高宗立武则天为后被贬潭州而愤然题写的"大唐兴寺"匾额真迹，杜甫想起杰出的忠臣贤相往往遭受贬斥，联想到自己与贾谊、褚遂良际遇相似，情难自已，便将短时欢快与黯然神伤交融于《发潭州》。

发潭州

　　夜醉长沙酒，晓行湘水春。
　　岸花飞送客，樯燕语留人。
　　贾傅才未有，褚公书绝伦。
　　名高前后事，回首一伤神。

　　注：贾傅指的就是贾谊，曾任长沙王太傅；褚公指的就是褚遂良。

　　拂晓时分，伴着湘江两岸的明媚春色，孤独远行。环顾四周，只有江岸上飞舞的花朵为我送行。船樯上的春燕呢喃作语，仿佛在亲切地挽留我。诗中，天明之后，湘江两岸一派春色，诗人却要孤舟远行，黯然伤情的心绪自然流露出来。

　　杜甫舟行至衡州，韦之晋却调任潭州，两人失之交臂，他只得调头折返长沙。这是他第二次路过湘潭。谁料意外接踵而至，六月，韦之晋患病突然离世，加之第二年四月初八夜，长沙发生了历史上有名的"臧玠之乱"，长沙不可久居。杜甫在湘唯一的靠望只有舅父崔伟了。崔伟时任郴州录事，杜甫于是前往投奔。这是他第三次经湘潭南下。行至耒阳遇山洪暴发，舟阻于江中多日不得而进，只好又返回。他有个好友韦迢，当时在韶关为官，两人曾数度聚会湘潭，相谈甚欢。这次他先写了《潭州送韦员外牧韶州》一诗寄给韦迢，希望近日能在湘潭见面。

潭州送韦员外牧韶州

炎海韶州牧，风流汉署郎。
分符先令望，同舍有辉光。
白首多年疾，秋天昨夜凉。
洞庭无过雁，书疏莫相忘。

可是待杜甫第四次到达湘潭时，韦迢却因紧急公务，已先期离开，只给他留下请回函再约相会的诗一首。时年老多病，处境困难，登楼远望，有感于家国之忧，杜甫便在洛口（易俗河）江边破楼上赋成了这首悲怆的《楼上》。

楼上

天地空搔首，频抽白玉簪。
皇舆三极北，身事五湖南。
恋阙劳肝肺，论材愧杞楠。
乱离难自救，终是老湘潭。

"终是老湘潭"？这难道是诗人的生命绝唱？伟大的杜甫在风雨飘摇中又熬过了一段时间，最后在那年寒冬去昌江（今平江）治病的孤舟上走到了生命的尽头。临终前的那首长篇排律《风疾舟中伏枕书怀三十六韵奉呈湖南亲友》才是他的收官之作，从中可见他对湖湘人民的深情厚谊。

李商隐

唐宣宗大中二年（848）五月，李商隐由桂林返长安，曾在潭州逗留。诗人居于潭州官舍，当傍晚来临，暮色渐浓，不禁心有感触，独自登楼。望当前之景，遥想古今，顿生无尽感慨，写下这首诗。

潭州

潭州官舍暮楼空，今古无端入望中。
湘泪浅深滋竹色，楚歌重叠怨兰丛。
陶公战舰空滩雨，贾傅承尘破庙风。
目断故园人不至，松醪一醉与谁同？

《李白》

长干行（其二）

忆妾深闺里，烟尘不曾识。嫁与长干人，沙头候风色。
五月南风兴，思君下巴陵。八月西风起，想君发扬子。
去来悲如何，见少离别多。湘潭几日到，妾梦越风波。
昨夜狂风度，吹折江头树。森森暗无边，行人在何处？
好乘浮云骢，佳期兰渚东。鸳鸯绿蒲上，翡翠锦屏中。
自怜十五余，颜色桃花红。那作商人妇，愁水复愁风。

《许浑》

送客南归有怀

绿水暖青蘋，湘潭万里春。
瓦尊迎海客，铜鼓赛江神。
避雨松枫岸，看云杨柳津。
长安一杯酒，座上有归人。

"绿水暖青蘋，湘潭万里春。"喜爱湘潭古诗词的文人，从任何一处角落、一丝
春色中感知到春的到来时，便会不自觉地吟诵这句诗行。

闻开江宋相公申锡下世（其二）

月落湘潭棹不喧，玉杯瑶瑟奠蘋蘩。
谁能力制乘时鹤，自取机沉在槛猿。
位极乾坤三事贵，谤兴华夏一夫冤。
宵衣旰食明天子，日伏青蒲不敢言。

凌歊台 ①

宋祖凌高乐未回，三千歌舞宿层台。
湘潭云尽暮山出，巴蜀雪消春水来。
行殿有基荒荠合，寝园无主野棠开。
百年便作万年计，岩畔古碑空绿苔。

---

① 凌歊台，在今安徽省当涂县北，宋高祖所筑。

晓发天井关寄李师晦

山在水滔滔，流年欲二毛。

湘潭归梦远，燕赵客程劳。

露晓红兰重，云晴碧树高。

逢秋正多感，万里别同袍。

注：许浑，字用晦（一作仲晦），唐代诗人，润州人。晚唐最具影响力的诗人之一，其一生不作古诗，专攻律体；题材以怀古、田园诗为佳，艺术则以偶对整密、诗律纯熟为特色。唯诗中多描写水、雨之景，后人拟之与诗圣杜甫齐名，并以"许浑千首湿，杜甫一生愁"评价之。成年后，许浑移家京口（今江苏镇江）丁卯涧，以丁卯名其诗集，后人因称"许丁卯"。许诗误入杜牧集者甚多。

罗隐

湘南春日怀古

晴江春暖兰蕙薰，兔鹭苒苒鸥着群。

洛阳贾谊自无命，少陵杜甫兼有文。

空阔远帆遮落日，苍茫野树碍归云。

松醪酒好昭潭静，闲过中流一吊君。

齐己

湘江渔父

湘潭春水满，岸远草青青。

有客钓烟月，无人论醉醒。

门前蛟蜃气，蓑上蕙兰馨。

曾受蒙庄子，逍遥一卷经。

注：齐己，晚唐诗僧，本姓胡，名得生，自号衡岳沙门，潭州益阳（今属湖南宁乡）人。齐己的一生经历了唐朝和五代中的三个朝代。他的诗歌多与佛教有关。"有客钓烟月，无人论醉醒。"春日的诗行中透着禅意，并不多见。

郑谷

湘江亭

湘水似伊水，湘人非故人。

登临独无语，风柳自摇春。

注：郑谷，唐朝末期著名诗人。字守愚，汉族，江西宜春市袁州区人。僖宗时进士，官都官郎中，人称郑都官。又以《鹧鸪诗》得名，人称郑鹧鸪。其诗多写景咏物之作，表现士大夫的闲情逸致。风格清新通俗，但流于浅率。曾与许棠、张乔等唱和往还，号"芳林十哲"。诗僧齐己奉《早梅》诗求教，郑谷将诗中"前村深雪里，昨夜数枝开"中的"数枝"改为"一枝"，齐己当庭拜郑谷为"一字师"。

此诗中"风柳自摇春"，一个"摇"字，将整个春天都唤醒了。

韦迢

早发湘潭寄杜员外院长

北风昨夜雨，江上早来凉。

楚岫千峰翠，湘潭一叶黄。

故人湖外客，白首尚为郎。

相忆无南雁，何时有报章。

注：韦迢，唐朝京兆人，为都官郎，历岭南节度行军司马，卒赠同州刺史。与杜甫友善，其出牧韶州，甫有诗送之。

欧阳詹

送潭州陆户曹之任

三语又为掾，大家闻屈声。

多年名下人，四姓江南英。

衡岳半天秀，湘潭无底清。

何言驱车远，去有蒙庄情。

注：欧阳詹，字行周，福建晋江潘湖欧厝人，著有《欧阳行周文集》8卷。欧阳詹生活在安史之乱后的中唐，一生没有离开国子监四门助教这个官职。欧阳詹的祖先在唐代初年由江西迁到晋江，传至欧阳詹为六世孙。欧阳詹的祖父、父亲、两个大哥都是唐代闽越的地方官吏。

韦庄

寄江南逐客

二年音信阻湘潭，花下相思酒半酣。

记得竹斋风雨夜，对床孤枕话江南。

注：韦庄，字端己，杜陵（今中国陕西省西安市附近）人，曾任前蜀宰相，谥文靖。诗人韦应物的四代孙，唐朝花间派词人，与温庭筠并称"温韦"。韦庄词风清丽，代表作有《浣花词》《秦妇吟》。

王建

送严大夫赴桂州

岭头分界候①，一半属湘潭。

水驿门旗出，山恋洞主参。

辟邪犀角重，解酒荔枝甘。

莫叹京华远，安南更有南。

注：王建。字仲初，颍川（今河南许昌）人。家贫，"从军走马十三年"，居乡则"终日忧衣食"，四十岁以后，"白发初为吏"，沉沦于下僚，任县丞、司马之类，世称王司马。他写了大量的乐府，同情百姓疾苦，与张籍齐名。又写过宫词百首，在传统的官怨之外，还广泛地描绘宫中风物，是研究唐代宫廷生活的重要材料。

---

① 一作"堠"。

杜荀鹤

雪后登唐兴寺水阁

一雨三秋色，萧条古刹间。

无端登水阁，有处似家山。

白日生新事，何人得暂闲。

将知老僧意，未必恋松关。

深秋的雨，让景物更加萧条，尤其是在山野之间的古寺。在秋雨停止之后，诗人百无聊赖地登上古寺的水阁，阁外的山景，跟诗人家乡池州的家山居然有几分相似。诗人在外游宦，事务繁忙，感慨自己何时能够得到暂时的清闲。诗人在深秋的雨后，登临唐兴寺的水阁，感叹尘俗事务的繁冗，抒发自己怀乡的情感，并揣测寺院中的老僧，可能并非留恋松关柴扉的生活，仅仅是为了逃避喧嚣的世界罢了。

注：杜荀鹤，字彦之，自号九华山人。汉族，池州石埭（今安徽省石台县）人。他出身寒微，中年始中进士，仍未授官，乃返乡闲居。曾以诗颂朱温，后朱温表荐他，得授翰林学士，知制诰。

张籍

送严大夫之桂州

旌旆过湘潭，幽奇得遍探。

莎城百越北，行路九疑南。

有地多生桂，无时不养蚕。

听歌疑似曲，风俗自相谙。

注：张籍，新乐府运动倡导者和参与者之一，其乐府诗之精神与元白相通，具体手法略异。

李昉

寄孟宾于

初携书剑别湘潭，金榜标名第十三。
昔日声名喧洛下，近来诗价满江南。
长为邑令情终屈，纵处曹郎志未甘。
莫学冯唐便休去，明君晚事未为惭。

李洞

送人赴职湘潭

南征虽赴辟，其奈负高科。
水合湘潭住，山分越国多。
梅花雪共下，文□□相和。
白发陪官宴，红旗影里歌。

注：李洞，字才江，京兆人，唐诸王孙也。慕贾岛之诗，铸其像，事之如神。时人但诮其僻涩，而不能贵其奇峭，唯吴融称之。昭宗时不第，游蜀卒。有一百七十余首诗歌（残句六句）流传至今，其中涉及蜀中的诗篇约有三十首，占其创作总量的六分之一，足见蜀中经历在其诗歌创作中占有的重要地位。

唐彦谦

登庐山

五老峰巅望，天涯在目前。
湘潭浮夜雨，巴蜀暝寒烟。
泰华根同峙，嵩衡脉共联。
凭虚有仙骨，日月看推迁。

注：唐彦谦，字茂业，号鹿门先生，并州晋阳（今山西省太原市）人。咸通末年上京考试，结果十余年不中，一说咸通二年（861）中进士。乾符末年，兵乱，避地汉南。中和中期，王重荣镇守河中，聘为从事，累迁节度副使，晋、绛二州刺史。光启三年（887），王重荣因兵变遇害，他被责贬汉中掾曹。杨守亮镇守兴元（今陕西

省汉中市）时，担任判官。官至兴元（今陕西省汉中市）节度副使、阆州（今四川省阆中市）、壁州（今四川省通江县）刺史。晚年隐居鹿门山，专事著述。昭宗景福二年（893）卒于汉中。

吕本中

连州阳山归路

稍离烟瘴近湘潭，疾病衰颓已不堪。

儿女不知来避地，强言风物胜江南。

建炎四年（1130），吕本中避乱南行，至连州。这首诗是他离开连州北归时作，抒发的是流亡途中的愁苦心情。首句点题，说明自己行程。"烟瘴"二字，切岭南气候，暗示自己因避乱到连州，过着很艰苦的生活。次句具体写流亡生活对自己身体的摧残，连用"疾病""衰颓""不堪"三词，突出环境的恶劣，也隐隐将自己对国事的忧愁略加表露，语意低沉深挚。三、四句笔锋忽转，不再写自己，转说小儿女不知道是逃难，坚持说眼前的景物比江南还好。这两句看似平常，实际上颇见构思之苦。眼前的风光，未必不如江南，关键是诗人此番是逃难而来，他又是江南人，见惯江南景色，如今颠沛流离，心情不佳，遥望故乡，战火不息，他怎会对眼前的景色赞赏呢？他又怎么会有心情欣赏眼前的秀丽景色呢？反过来，儿女年幼，没有大人那样的忧愁，自然感觉不同，说眼前的景色胜过江南。诗人正是通过小儿女的不解事，反衬自己的忧思。

注：吕本中，原名大中，字居仁，世称东莱先生，寿州（今安徽寿县）人，南宋诗人、词人、道学家。

易祓

水调歌头·自古清胜地

自古清胜地，江带与山篸。夸娥擘此石镴，不独岭之南。初见仙岩第一，再见耆岩第二，今见淡岩三。邱壑皆有分，品第不须谈。

望前驱，陪后乘，破晴岚。出城一舍而近，峭壁与天参。不使尘埃涴脚，忽觉烟云对面，鹤驭可同骖。杖屦从归去，此乐□湘潭。

注：易祓，字彦章，一作字彦伟，又作彦祥，号山斋，湖南长沙宁乡县巷子口镇巷市村人。南宋中后期著名学者，为孝宗、宁宗、理宗三朝重臣，与同郡汤璹、王容并称"长沙三俊"。

孔武仲

湘潭二首

禄仕飘然寄楚乡，才能苦短志方强。

已栽绿柳如彭泽，况有黄金似栎阳。

风飑湘波天影动，云来衡岳雨声长。

尚疑卑湿难安处，更起西边百尺堂。

县街重复俯惊湍，正与湘江咫尺间。

侵啮最忧东汇水，蔽遮惟有北来山。

清流倒影楼台壮，白瓦连云市井间。

捍患持危功不小，亭亭千古镇荒湾。

注：孔武仲，字常父，孔子四十七代孙，孔文仲弟。宋仁宗嘉祐八年（1063）进士。历任江州（今江西九江）、信州（今江西上饶）军事推官、湘潭县知县。后任国子监司业、集贤院校理时，奏请朝廷改革科举制度，恢复以诗赋取士，选贤举能。元祐六年（1091）七月，以宝文阁待制出任宣州（今安徽宣城）、洪州（今江西南昌）知州。绍圣三年（1096），因朝廷党派斗争激化被免职，定居池州（今安徽贵池县）。从此，专事文学研究，与欧阳修、苏轼、苏辙、黄庭坚等人过从甚密，诗词唱酬，信书不绝。与兄孔文仲、弟孔平仲以文声起江西，时号"三孔"。

文天祥

挽鄂晋步主簿

此君何坦坦，回首杏园游。

魂魄湘潭去，声名彭泽休。

百年中道短，千里故乡愁。

六子三方幼，遗言可泪流。

注：文天祥，字宋瑞，二字履善，号文山，吉州庐陵（今江西吉安）人。宋理宗宝佑四年（1256）举进士第一。恭帝德佑元年（1275），元兵长驱东下，文天祥于家乡起兵抗元。次年，临安被围，除右丞相兼枢密使，奉命往敌营议和，因坚决抗争被拘，后得以脱逃，转战于赣、闽、岭等地，兵败被俘，坚贞不屈，就义于大都（今北京）。

后记

　　《学校是最美的》校本教材的编写，源自我对之前教学经验的总结。在二十几年的数学教学中，我深深明白想要学好数学，就得先爱上数学，想爱上数学，就得先遇见《数学之美》。从《数学之美》再到《学校是最美的》，我的最终目的是想让大家认识到学习之美，让大家爱上我们县一中的生活，进而爱上学习！

　　毋庸置疑，学校的确是最美的。从学校的精神氛围到学校的物质条件，从学校的骄子到学校的荣光，一花一木、一砖一瓦、一师一生、一事一业、一点一滴美的元素，构成了我们最美的校园。

　　亲爱的同学们啊，请将思绪暂时脱离出红尘故事，来了解一下学校厚重的历史吧！学校坐落于名人湘潭，风流人物毛主席，横刀立马彭将军，艺术巨匠齐白石，推崇文武并举，文理兼修，艺术滋养。请将休息日从互联网的诱惑中解救出来，来读一读历经岁月淘洗的经典吧！学校生长于文化湘潭，理学之匡正，佛学之棒喝，新学之革兴，世界之广大与人心之微妙，都是学校教育的方向。请将你纯净的眼眸从大千世界的繁华中移出，来辨识一下各种清纯草木之名吧！学校是全国文明校园，自然之美净化心灵，兴观群怨思无邪。请缓缓浮躁的脚步，来探索一下学校柏油路与石子小路的乐趣之别吧！可知你们脚下的这片土地，又何尝不是一个个你们，用力扛在肩膀上而光耀的存在？最美的学校成就最美的你，而最美的你亦成就了最美的学校！

　　在此，我还想感谢所有支持县一中发展的领导，感谢所有支持一中发展的各界朋友，感谢所有与我共同奔跑在教学之路上的同仁，感谢为本书编写提供各种资料的每一位老师。但，我最想感谢的还是你们——一届又一届县一中学子，因为有你，学校才是最美的。

齐学军

2021 年 7 月

图书在版编目（CIP）数据

学校是最美的 / 齐学军主编 . -- 长沙 : 湖南师范大学出版社，2021.7

ISBN 978-7-5648-4216-1

Ⅰ.①学… Ⅱ.①齐… Ⅲ.①中学—校园文化—湘潭县—教材 Ⅳ.① G637

中国版本图书馆 CIP 数据核字（2021）第 130322 号

学校是最美的
XUEXIAO SHI ZUI MEI DE

◆ 齐学军　主编

◇ 责任编辑：孙雪姣
◇ 责任校对：牛盼盼
◇ 整体设计：闽 闽江文化
◇ 出版发行：湖南师范大学出版社
　　　　　　地址：长沙岳麓山　　　　　　邮编：410081
　　　　　　电话：0731-88873070　88873071　传真：0731-88872636
　　　　　　网址：http://press.hunnu.edu.cn
◇ 经　　销：湖南省新华书店
◇ 印　　刷：长沙鸿发印务实业有限公司
◇ 开　　本：787mm × 1092mm　1/16
◇ 印　　张：14
◇ 字　　数：306 千字
◇ 版　　次：2021 年 7 月第 1 版
◇ 印　　次：2021 年 7 月第 1 次印刷
◇ 书　　号：ISBN 978-7-5648-4216-1
◇ 定　　价：80.00 元